선교적 교회 제자훈련 성경공부 시리즈

골로새서

만물을 다스리시는 우리 주

일러두기

본문에 인용한 성경 본문은 대한성서공회에서 펴낸 개역개정판을 따랐다.

골로새서 **만물을 다스리시는 우리 주**
선교적 교회 제자훈련 성경공부 시리즈

1 판 1 쇄 발 행 2024년 1월 3일
발 행 처 사)한국해외선교회 출판부(GMF Press)
지 은 이 이태웅
발 행 인 양승헌
출 판 편 집 한국선교연구원(KRIM)
주 소 서울 양천구 목동중앙본로18길 78, 4층
전 화 (02)2654-1006
이 메 일 krim@krim.org
등 록 번 호 제21-196호
등 록 일 1990년 9월 28일

골로새서

만물을 다스리시는 우리 주

이태웅 지음

목차

| 본 시리즈의 배경 · 6

| 『선교적 교회 제자훈련 성경공부 시리즈』 추천사 · 8

| 골로새서 서문 · 11

| 골로새서 개론 · 13

1. 인사와 감사의 조건 · 20
   골 1:1-8

2. 바울의 간구와 그리스도인의 소속 · 29
   골 1:9-14

3. 그리스도의 탁월성 · 38
   골 1:15-23

4. 교회를 위한 바울 사도의 사역 · 51
   골 1:24-29

5. 그리스도인의 성장의 비결 · 59
   골 2:1-7

6. 그릇된 철학과 참 진리이신 그리스도 · 69
   골 2:8-15

7. 이단에 대한 경고 · 80
   골 2:16-23

8. 위의 것을 찾는 생활의 실제 · 89
   골 3:1-11

9. 그리스도인이 갖추어야 할 새 성품 · 99
   골 3:12-17

10. 그리스도인의 가정과 사회생활 · 108
   골 3:18-4:1

11. 가장 소중한 사람들 · 115
   골 4:2-18

| 공부를 마치며 · 123
| 참고문헌 · 124

본 시리즈의 배경

『선교적 교회 제자훈련 성경공부 시리즈』는 지난 50여 년간의 경험을 토대로 하나님의 말씀 연구를 통해 어떻게 하면 우리에게 적합한 선교적 교회를 세우고, 제자훈련을 효과적으로 할 수 있을지 긴 숙고 끝에 이뤄진 것임을 밝히는 바이다.

본인은 지난 50여 년 전부터 한국교회의 성장과 학생 및 해외선교 단체를 통해 지도자들을 양성하기 위해 성경공부 교재들을 집필했다. "새생명을 얻는 방법"부터 시작해서 새 생명이 어떻게 자라는가에 초점을 둔 "새생명의 시작"을 집필했고, 그 외에도 여러 제자훈련용 교재를 집필해서 본국에서와 선교지에서 효과를 얻게 되었다. 이를 통해 하나님의 일꾼이 되기 위해서는 하나님의 말씀에 깊이 뿌리를 내리지 않으면 안 된다는 사실을 깨달았고, 지난 수십 년간 선교사를 훈련하면서 하나님의 말씀을 어떻게 공부하고 적용할 것인가라는 주제는 필수적인 커리큘럼의 일부가 되었다.

1990년 중반 북미주 복음주의 선교학자들이 복음과 문화의 관계를 연구하던 중에 선교적 교회(missional church) 이론이 탄생했다. 먼저는 북미주에, 그다음에는 세계로 퍼져 나갔다. 그러나 애처롭게도 그 열정은 기대보다 빨리 식어가는 듯 했다. 필자는 그 원인으로 제자훈련이 안 된 가운데 단순히 선교신학적 해답을 찾는 것만으로는 선교적 교회가 된다는 것은 불가능하다고 판단하고 본 시리즈를 시작하게 되었다.

하나님께서는 모든 교회가 선교적으로 되기를 절실히 원하신다(요 20:21-23).

이태웅

『선교적 교회 제자훈련 성경공부 시리즈』 추천사

『선교적 교회 제자훈련 성경공부 시리즈』는 사도행전을 큰 뼈대로 삼아 그 선교 역사의 흐름 속에 바울서신과 일반서신을 연결하여 각 책의 핵심 내용과 메시지를 현장감 넘치게 소개합니다. 교재마다 세부적인 체계의 차이는 있지만, 큰 뼈대는 대체로 일치합니다. 각 책을 시작할 때마다 그 책의 기원과 구조, 그리고 핵심 주제를 소개하는 서론이 나타납니다. 본론은 단락마다 주제와 내용 요약을 제시하고, 본문 이해를 돕기 위한 질문들과 이를 답변하는 데 도움을 주는 힌트를 제공합니다. 이어서 "이 과를 마치면서"라는 결론으로 마무리됩니다. 그 사이사이에 다양한 소제목이 활용되는데, 예를 들면 본문관찰, 본문묵상, 핵심메시지, 우리의 고백, 추가적 연구, 적용하기, 그리고 나의 기도 등입니다.

이처럼 다양한 소제목은 큰 뼈대와 더불어 크게 두 가지에 관점을 가지고 접근합니다. 첫째, 본문의 의미를 추구하는 것입니다. 이를 위해 역사적 배경, 어휘 연구, 문맥 관찰, 구조 연구, 핵심 메시지 탐구 등이 활용됩니다. 둘째, 본문을 적용하는 것입니다. 이를 위해 묵상, 우리의 고백, 그리고 현대적 적용과 나의 기도 등과 같은 질문들과 도전들이 활용됩니다. 이 시리즈의 교재를 하나씩 따라가다 보면, 독자는 사도들의 교회를 향한 사랑과 선교를 위한 헌신에 깊이 공감하게 되고, 자신도 어느새 그 사랑과 헌신에 동참하게 됨을 발견할 것입니다. 사도행전과 바울서신 그리고 일반

서신을 선교적 관점에서 일관성 있게 공부하고 적용하기를 바라는 목회자와 선교사들과 성도님들에게 이 시리즈를 적극적으로 추천합니다.

양용의 박사 에스라성경대학원대학교 신약학 교수 역임

변함없는 진리의 말씀인 성경과 변화하는 세상 속에 사는 우리 삶은 연결되어야만 합니다. 그것이 성경을 공부하는 이유입니다. 종종 성경공부 교재는 성경(text) 쪽 언덕에 집착하다 상황(context) 쪽 언덕에로의 연결이 약해 기독교판 주지주의(主知主義)로 빠지게 되거나, 반대로 상황 쪽 언덕에 집착하다 성경 쪽 언덕에로의 연결이 약해 주관주의로 빠지게 되는 것을 느낍니다. 『선교적 교회 제자훈련 성경공부 시리즈』는 평생 하나님의 말씀과 하나님의 선교에 헌신해 오신 이태웅 박사님의 평생의 노력이 한곳에 모인 균형 잡힌 성경공부 교재입니다. 디모데가 바울이 보낸 디모데전후서 편지를 받았을 때 느꼈을 따뜻한 가르침이 이 교재 페이지마다 진하게 느껴집니다. 노련한 하나님의 사람 이태웅 멘토님의 다정하고 자상한 가이드를 통해 우리는 그 말씀으로 이 상황을 어떻게 살고 섬겨야 할지를 배울 수 있습니다. 저자의 귀한 헌신과 노력이 이 땅의 말씀 사역자들에게 큰 축복이 될 것을 확신합니다.

양승헌 목사 세대로교회 담임, Ph.D.(트리니티 복음주의 신학교)

이 성경공부 시리즈는 본문 연구에 충실하면서도 구체적으로 선교적 적용을 하고 있습니다. 사도행전과 서신서들을 묵상하면서 선교적 영성을 닦고 제자도를 연마하는 데 크게 도움이 될 것입니다. 복음주의적인 성경 이해를 바탕으로 제자로서의 자신의 삶을 돌아보는 영적인 순례길의 좋은 안내자가 될 것이라고 믿습니다.

문상철 목사 카리스 교차문화학 연구원장, KRIM 창립원장 역임,
Ph.D. in ICS(트리니티 복음주의 신학교)

이번 이태웅 목사님이 집필하신 『선교적 교회 제자훈련 성경공부 시리즈』는 체계적으로 주님의 말씀을 공부함으로써 영적 성숙을 이룰 뿐만 아니라 선교적 그리스도인으로서 하나님의 선교에 참여할 열정을 품게 해줄 것입니다. 성경이 말씀하고 있는 선교적 삶을 살고자 하는 선교사와 선교적 그리스도인이 되고자 하는 사람이라면 누구나 쉽게 공부함으로 도움을 받을 수 있는 본 교재를 적극적으로 추천하는 바입니다.

주민호 선교사 침례교해외선교회(FMB) 회장(선교학 박사)

하나님의 백성이 튼튼해지는 길은 하나님의 말씀을 정기적으로 잘 먹고, 그 말씀대로 사는 것입니다. 『선교적 교회 제자훈련 성경공부 시리즈』는 그런 길로 친절하게 안내하고 있습니다. 본인은 실제로 미국 한인교회 청년들을 대상으로 본 성경공부 시리즈를 활용하면서 큰 성과를 거둔 경험이 있습니다. 이번 개정판이 21세기 상황에 더 적합하게 만들어진 것을 보니 더욱 기쁩니다.

변진석 목사 한국선교훈련원 원장 역임, Ph.D. in ICS(트리니티 복음주의 신학교)

선교라는 제목에도 불구하고 이 시리즈에서 선교가 잘 안 보인다면 이는 성경이 선교적이지 않거나 저자가 선교를 몰라서가 아니라 성경과 이 책을 보는 우리의 선교에 대한 오해 때문입니다. 그리스도인의 바른 정체성과 속성이 곧 선교적이었던 초기 교회의 모습을 바르게 보여 준다는 면에서 이 시리즈는 선교적 성경공부입니다. 이 책을 통해 말씀의 본래 의도를 깨달아 우리의 선교에 대한 오해가 선교의 이해로 거듭나기를 바랍니다.

권성찬 목사 한국해외선교회(GMF) 대표,
GBT 대표 및 위클리프 아시아-태평양 대표 역임, Ph.D.(옥스퍼드선교대학원)

골로새서 서문

구원받은 사람이라면 예수 그리스도께서 우리 죄를 사하시기 위하여 십자가에서 처참한 고난을 받으신 것을 모르는 사람은 없을 것이다. 그러나 우리 죄를 위해 죽으시고 부활하신 예수 그리스도께서 만물을 창조하신 (골 1:16) 하나님이라는 사실과 예수 그리스도 안에서 우리들 또한 하나님의 "모든 충만하심"(골 1:19)을 맛볼 수 있게 하시며,[1] 우리가 주님 안에 거할 때 우리도 충만해질 수 있다(골 2:10)는 엄청난 사실을 모르는 채 살아갈 수 있다. 골로새서는 만물을 다스리시며 동시에 교회의 머리가 되시는 예수 그리스도에 관한 책이다. 또한 예수 그리스도가 얼마나 영광스러운 분이신지 집중적으로 말씀하고 있다.

21 세기에 들어서면서 세계는 한층 더 좁아졌다. 현재는 문자 그대로 지구촌이 되었다. 지구촌 구석구석이 인터넷과 인공위성에서 발사하는 전파로 연결되었고, 어디서 무슨 일이 일어나면 순식간에 지구촌이 다 알게 되는 소위 글로벌화된 시대를 맞이하게 되었다. 그러나 부작용도 만만치 않다. 오늘날에는 '절대 진리가 없다'는 전제하에 모든 종교가 다 자신들의

---

[1] E. K. Simpson and F. F. Bruce, *Commentary on the Epistles to the Ephesians and Colossians*, The New International Commentary on the New Testament (Grand Rapids: Eerdmans, 1980), 206-07. "… the fullness or totality of divine essence and power has taken up its residence in Christ … all the attributes and activities of God — His spirit, word, wisdom and glory are displayed in Him." 신성 그 자체가 충만하였는데 이는 그리스도 안에 신성이, 다시 말해 신적(하나님의) 속성 일체가 그리스도 안에 내주하시며 … 하나님과 세상과 인류 사이의 유일한 중보자이시며, 하나님으로서 모든 속성과 행위가 함께하시는 분이시다. 하나님의 영과 말씀과 지혜와 영광이 주님 안에 골고루 나타나고 있다(필자 역).

진리를 외치며, 이를 믿는 시대가 된 것이다. 상대적으로 그리스도인들은 자신이 가진 진리의 참된 뜻을 모르고 그 능력을 잃어가고 있다. 이럴 때 일수록 우리는 골로새서에서 말씀하고 있는 주님의 참모습에 대해 잘 알고 있어야 한다. 지금도 만물을 다스리시는 주님을 똑똑히 바라봐야 한다. 주님은 지금도 살아계시고, 이 세상을 주관하시며, 교회의 머리가 되셔서 교회를 다스린다. 골로새서의 메시지는 이 세상 모든 족속이 들어 마땅하다. 이 책을 통해 주님의 참된 위상과 역할을 다시 한번 확인하고, 이를 모든 족속에게 전하기를 축원한다.

이처럼 짧은 지침서를 통해 골로새서의 내용을 자세히 강해하기란 불가능하겠지만, 이 교재가 예수 그리스도의 계시를 더욱 깊이 깨닫게 하고, 그분을 사랑하는 제자로서 우리의 교회생활과 선교적인 삶에 도움이 된다면 그 역할을 다한 셈이 될 것이다. 이 지침서는 셀 모임이나 구역예배, 주일학교 및 각종 성경공부 그룹에서 공부할 수 있도록 준비되었다. 개인도 혼자서 공부할 수 있다. 그룹에서 공부할 때는 미리 해답을 모두 찾은 후 하나님께서 자신에게 주신 교훈을 함께 나누면 큰 효과를 얻을 것이다.

2023 년 12 월 11 일 개정
목동에서
이태웅

그 안에는 신성의 모든 충만이 육체로 거하시고 너희도 그 안에서 충만하여졌으니 그는 모든 통치자와 권세의 머리시라(골 2:9-10).

골로새서 개론

저자: 바울

- 성경이 이를 주장하고 있다(1:1; 4:18).

- 이 서신의 교훈 내용이나 사용된 용어가 이를 입증하고 있다.

- 무라토리안 정경(Muratorian Canon, AD. 170), 마르시온의 목록 (Marcion's list, AD. 146), 이레니우스(Irenaeus, AD. 125-202) 등이 이를 입증하고 있다. 일부 신학자(F. C. Baur, Dunn 등)들은 2세기 경에 유행했던 영지주의(Gnosticism)적인 내용이 이 서신 안에 포 함되어 있기 때문에 바울 사도가 이 편지를 쓰지 않고 후에 다른 사람이 썼다고 주장한다. 하지만 이는 단지 추측일 뿐이며 바울 사 도가 썼다는 더 명확하고 직접적인 증거들이 있으므로 받아들이기 어렵다.[2]

배경

1. 골로새(현재 튀르키예 지방)

   - 1세기 전에는 루카스 계곡(Lycus Valley)의 주요 도시로 동서를 잇는 교통요지였다.

---

[2] Curtis Vaughan, *Colossians*, The Expositor's Bible Commentary (Grand Rapids: Zondervan, 1982), 163-65; E. K. Simpson and F. F. Bruce, *Commentary on the Epistle to the Ephesians and the Colossians*, 170-73; Todd D. Still, *Colossians*, The Expositor's Bible Commentary (Grand Rapids: Zondervan, 2006), 268-69; James D. G. Dunn, *The Epistles to the Colossians and to Philemon*, The International Greek Testament Commentary (Grand Rapids: Eerdmans, 1996), 35-38.

- 로마 시대에는 라오디게아, 히에라볼리 등의 도시에 압도되었다.

- 유대인이 거주했다.

- 토속종교로는 키벨레(Cybele)를 섬기는 이교가 있었고, 유대교는 헬레니즘과 이란의 신비파 종교와 혼합된 상태로 표현되었다.

2. 골로새 교회

- 에베소 교회(행 19:10)와 달리 바울 사도가 아닌 다른 사람에 의해 세워졌다.

- 바울 사도가 직접 전도하지 않았다(1:4; 2:1).

- 에바브라가 바울이 전한 복음을 듣고 구원받고 돌아가서 세웠을 것이다(4:12).

- 골로새에는 빌레몬의 집이 있었다.

편지를 쓰게 된 동기: 이단 침투[3]

1. 혼합주의적 요소: 유대교+헬레니즘

2. 골로새 이단의 정체

- 유대교적 색채의 요소 - 율법주의, 의식주의

- 철학적 색채의 요소 - 천사숭배, 금욕주의 등 이교도적 영지주의 징조가 엿보였다. 이후 2세기에 가서 영지주의는 절정에 도달한다.

- 기독교적 색채의 요소 - 그리스도의 주권을 완전히 무시하지는 않았으나 예수님의 권위를 많이 격하시켰다.

3. 영지주의자들의 특징

- 깨달음을 내세워 영적인 특권층을 형성했다.

---

3 Still, *Colossians*, 267-68.

- 지식(gnosis)을 통한 구원을 주장했다.
- 최고의 신으로부터 최하의 신에 이르기까지 신들이 단계적으로 존재한다고 주장했다. 이런 상황에서 예수님의 성육신도 의미가 없어진다. 그 이유는 육체를 통해서는 죄를 범할 수밖에 없으므로 모든 물질계(物質界)를 포함하여 육체도 악하다고 주장하기 때문이다. 심지어 이들은 그리스도의 육체도 물질계에 속하기 때문에 악하다고 주장한다.

목적[4]

1. 골로새 그리스도인들에게 관심을 표명하기 위함이다.
2. 골로새 그리스도인이 옛 생활로 돌아가는 것을 경고하기 위함이다 (3:5).
3. 골로새 이단과 싸우기 위함이다.
4. 그리스도의 영광과 그 권위에 대하여 언급함으로써 골로새 이단이 주장하는 것을 물리치기 위함이다.

주제

그리스도의 탁월성(supremacy of Christ, 1:18)과 충족성(sufficiency of Christ, 2:9; 3:11)에 대해 다음과 같은 사실들을 주장한다.[5]

- 구속주(救贖主)이신 그리스도(1:14)
- 하나님의 형상이신 그리스도(1:15)
- 창조주이신 그리스도(1:15)
- 교회의 머리가 되시는 그리스도(1:18)
- 모든 신성(하나님의 아들)이 충만하신 그리스도(1:19)
- 화목하게 하시는 그리스도(1:20)
- 하나님의 비밀이신 그리스도(2:3)

---

4 Vaughan, *Colossians*, 168.
5 Vaughan, *Colossians*, 168.

- 그리스도 안에 모든 지혜와 지식의 보화가 있음(2:3)

- 모든 신성이 그 안에 충만히 거하시는 분(2:9)

- 모든 통치자와 권세의 머리가 되시는 그리스도(2:10)

- 십자가의 능력으로 악을 이기신 그리스도(2:15)

- 구세주에 대한 모형의 실체가 되신 그리스도(2:17)

- 하나님 우편에 앉아 계시는 그리스도(3:1)

- 하나님과 함께 우리의 생명을 품고 계시는 그리스도(3:3)

- 장차 영광 가운데 나타나실 그리스도(3:3-4)

에베소서와의 관계6

1. 에베소서와 비슷한 점이 많다.

2. 두 서신을 모두 두기고(Tychicus)가 전달했다(엡 6:21; 골 4:7).

3. 두 서신은 그리스도의 성격, 그리스도의 몸인 교회, 그리스도인의 도덕적 의무와 가족관계 등에 대해 공통으로 다루고 있다.

4. 골로새서는 그리스도께서 교회의 머리 되심을 주로 강조한 반면 에베소서는 교회가 그리스도의 몸 된 사실을 강조한다.7

개요

제 1 과 인사와 감사의 조건(1:1-8)

제 2 과 바울의 간구와 그리스도인의 소속(1:9-14)

제 3 과 그리스도의 탁월성(1:15-23)

제 4 과 교회를 위한 바울 사도의 사역(1:24-29)

제 5 과 그리스도인의 성장의 비결(2:1-7)

제 6 과 그릇된 철학과 참 진리이신 그리스도(2:8-15)

제 7 과 이단에 대한 경고(2:16-23)

---

6 Vaughan, *Colossians*, 168-69.

7 Vaughan, *Colossians*, 169.

제8과 위의 것을 찾는 생활의 실제(3:1-11)

제9과 그리스도인이 갖추어야 할 새 성품(3:12-17)

제10과 그리스도인의 가정과 사회생활(3:18-4:1)

제11과 가장 소중한 사람들(4:2-18)

사도행전과 그 이후 강조된 주제의 관점에서 본 분류[8]

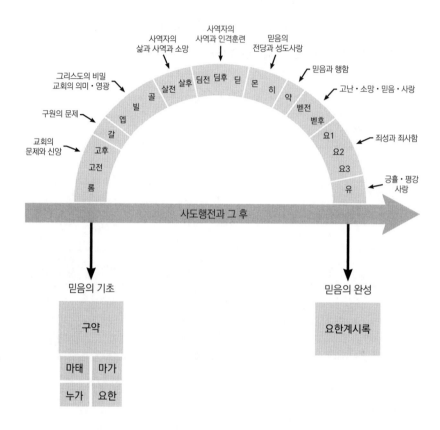

8 누가 선생은 주님께서 승천하신 후 처음으로 교회가 어떻게 탄생했으며(행 2:37-42), 교회가 그들을 어떻게 제자훈련을 시켰으며(행 2:44-47), 그들도 성장하여 선교할 수 있게 양육하였는가에 대한 지침을 제시했다고 볼 수 있다(행 1:8; 20:17-35). 선교가 이뤄진 곳마다 제자들(교인들)의 성장을 위해 자기 생애를 쏟아가며 양육한 것이 또한 좋은 예이다(서신서들과 행 20:18 의 예). 1990 년대에 복음주의 세계를 놀라게 한 '선교적 교회론'과 관련된 여러 논문도 이런 근거 위에 형성된 것이라 본다. 그와 같은 사실을 간단한 도식을 통해 필자가 표현했다. **매 과를 공부할 때마다 그 내용을 확인하고, 선교 대상들(본인 포함)이 어떻게 주님의 제자로서 성장할 수 있는가를 깊이 숙고하기 바란다.**

사도행전과 그 이후에 기록된 서신서의 관점에서 본 분류[9]

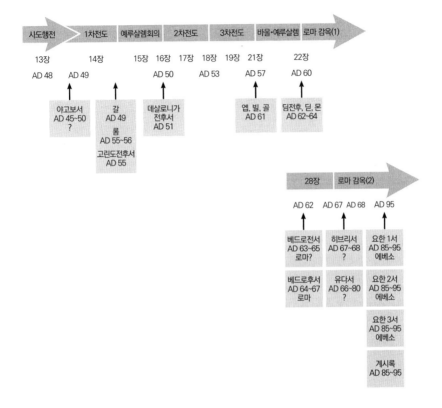

---

9   교회가 탄생한 후 선교와 제자를 양육하는 것이 병행해서 이뤄진 것을 필자가 도식으로 표현하였다. 특히 에베소서에는 제자도를 위한 원리가 소상하게 나타났다(엡 4:7-16). *** 교회가 본질적으로 선교적이며, 이를 위해 제자도(훈련)가 필연적인 사실임을 나타내 주고 있다는 뜻이다.** 이런 사실은 1990년대에 일련의 선교학자들에 의해 '선교적 교회론'으로 정립된 바 있다. Patrick Schreiner, "What We Would Be Missing If We Didn't Have the Book of Acts," *Crossway Articles*, January 04, 2022; Book Talks with Patrick Schreiner: The Mission of the Triune God," posted by Matthew Hines, January 25, 2022, https://www.mbts.edu/2022/01/booktalks-with-patrick-schreiner-the-mission-of-the-triune-god; Michael W. Goheen, ed. *Reading the Bible Missionally* (Grand Rapids: Eerdmans, 2016), 27.

1

인사와 감사의 조건

골로새서 1:1-8

이 짧은 본문을 통해서 우리는 신앙생활에 대해 많은 것을 배울 수 있다. 우리가 본문에 나와 있는 내용대로만 살아도 교회의 모습은 지금과 많이 달라질 것이다. 본문이 주는 교훈을 요약하면 다음과 같다.

첫째, 우리의 신분에 관한 것이다. 우리는 성도들이다. 이는 달리 표현하면 '거룩하고 신실한 형제(자매)들'이라는 뜻이다. 구약시대에는 사람뿐만 아니라 하나님을 예배하기 위해 성전에서 사용되는 기구(器具)나 장소까지도 거룩해야 한다고 설명하고 있다. 이로 미루어 보아 '거룩'이란 의미는 도덕적인 뜻도 있으나 그보다는 오히려 '구별되었다'(set apart) 또는 '헌신되다'는 뜻으로 쓰였음을 알 수 있다.[1] 이 관점에서 볼 때 우리는 하나님께 드려진 백성으로서 거룩하게 살아야 한다. 본문과 현재 교인들의 모습을 비교해 볼 때 지금 우리가 얼마나 변질되었는지 알 수 있다. 우리는 성도로서의 신분을 되찾아야 한다. 세상에 살고 있지만 세상의 가치관과 세계관에 갇혀 있지 않고, 오히려 하나님 나라의 가치관과 세계관의 지배를 받으면서 사는 사람들이라고 세상 모든 족속에게 선언해야 한다.

둘째, 우리의 위치에 대해 명확하게 알아야 한다. 우리는 현재 세상에 살고 있지만 동시에 '그리스도 안'에 있다는 점을 재확인해야 한다. "골로새에 있는 성도들 곧 그리스도 안에서 신실한 형제들"(1:2)은 이 시대를 사는 우리들을 지칭한다. 그리스도 안에 있는 한국 교인들이라고 표기할 수도 있다. 그리스도 안에(in Christ, in whom, in Him)라는 말은 신약에 160회 정도 나온다. 이를 통해 그리스도 안에 있는 우리의 영적 위치, 곧 구원받고 하나님의 자녀가 된 상태를 얼마나 중요시했는가를 알 수 있다. 지금은 구원받은 사람들이 세상에 살 수밖에 없다. 하지만 우리는 동시에 그리스도 안에 있기 때문에 그리스도와 함께 하늘에 앉은 바 되었고(엡 2:6), 그리스도와 함께 영원히 살 것에 대해 확신할 수 있다(빌 3:20-21).

가. 인사(1:1-2)

질문 바울 사도는 자신을 어떻게 소개했습니까(1:1)?

....

....

....

....

힌트

사도(apostle)[2]:

① 주로 열두 제자와 바울 사도를 가리킨다. 이 경우에는 하

---

1 Vaughan, *Colossians*, 172.

나님의 보내심을 받은 자 또는 하나님의 대변인이라는 의미가 있다.

② 일반적인 의미로 쓰였을 때는 사자(messenger)라는 뜻이다 (행 14:14). 또한 선교사라는 의미로 쓰일 때가 있다. 그러므로 선교사는 하나님께서 보내셨다는 의미를 내포하고 있다.

질문 바울 사도의 권위는 누구로부터 나왔는가(1:1)?

....

....

....

....

질문 인사 내용을 설명하고, 우리 삶 가운데 어떻게 적용할 수 있는지 나누어 보라(1:2).

....

....

....

....

힌트

은혜(grace): 신약에서 155 회 사용한다. 바울 사도가 주로 사용한 용어이며, 하나님께서 그리스도를 통해 우리에게 주신 구원은 가장 큰 은혜의 본보기이다.

---

2 Still, *Colossians*, 275.
3 Dunn, *The Epistles to the Colossians and to Philemon*, 52.

평강(peace): 이는 전쟁의 반대말을 뜻하기보다 안녕과 만족 내지는 정상인의 상태 등을 말한다. 여기서는 우리 영혼이 하나님과 '화목'(和睦)되었기 때문에 찾아오는 평안을 의미한다. 다른 곳에서도 "은혜와 평강"은 우리 하나님 아버지와 주 예수 그리스도로부터 온다고 말한다(엡 1:2; 빌 1:2). 본문에서 은혜와 평강을 우리 아버지 하나님으로부터 오는 것으로만 묘사한 것에 대해 주석가 제임스 던(James Dunn)은 골로새서 전체에서 그리스도의 탁월성에 대해 충분히 다룰 것이기 때문에 이 부분에서는 말할 필요가 없었을 것이라고 설명한다.[3]

비록 직접 언급하지 않았어도 그리스도의 은혜가 없었다면 우리는 하나님께로부터 오는 은혜와 평강을 누릴 수 없었을 것이다. 아쉬운 것은 이런 특권이 얼마나 큰 것인지 우리가 모르고 살 때가 많다는 것이다.

나. 감사의 조건들(1:3-8)

질문 바울 사도는 골로새 그리스도인들의 어떤 면에 감사했는가? 우리는 이를 통해 어떤 교훈을 배울 수 있는가(1:3-8)?

....

....

....

질문 믿음, 사랑, 소망의 상호관계에 대하여 서로 나누라(1:4-5).

....

....

....

힌트

믿음(faith): '의지함', '쉼', 또는 '드림' 등의 뜻이 있다. 믿음의 대상은 예수 그리스도이다. 주석가 모울(Moule)은 골로새인들의 믿음에 대해 "그리스도께 닻을 내린 것"(anchored in Him), "그리스도 안에 쉬는 것"(resting in Christ) 등으로 묘사한다. 또한 엘리콧(Ellicott)도 "그리스도 중심의 믿음"(Christ centered faith)이라고 했다. 골로새 그리스도인들은 예수 그리스도를 깊이 의뢰하고 있었다.

사랑(love): 본문은 희생을 근거로 한 사랑, 곧 하나님의 사랑을 의미한다. 이런 사랑은 언제나 믿음의 열매로 우리 가운데 나타난다. 따라서 올바른 믿음을 가진 사람들에게는 반드시 이런 사랑이 나타나는 것을 알 수 있다. 다시 말해 우리에게 참된 사랑이 있다면 필경 그 사람의 믿음도 진실한 것임을 알 수 있다.

소망(hope): 소망에는 주관적으로 느끼는 소망(롬 5:2)과 객관적인 바람(갈 5:5; 벧전 1:3)이 있다. 후자는 미래에 우리에게 주어질 영광스러운 것들로써 하나님의 백성들이 고대하는 것이다. 본문에서는 후자의 경우를 말하고 있고, 이 소망 때문에 골로새 그리스도인들은 믿음이 자라고 더불어 사랑도 커졌다.

질문 아래 도표에는 한 예가 나와 있다. 각자의 현재 상태를 다음 그래프에 그려 넣고, 부족한 부분들을 위해 기도하라.

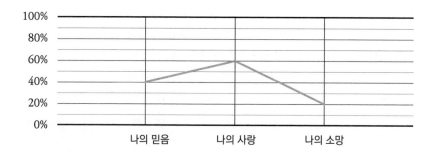

질문 복음이 전파되어 죄인이 구원받게 되면 어떤 결과가 나타나는가(1:6)?

....

....

....

....

질문 바울 사도는 에바브라를 어떻게 평가했는가? 우리가 에바브라에게서
배울 수 있는 교훈은 무엇인가(1:7-8)?

....

....

....

....

이 과를 마치면서

우리는 본문 말씀을 통해 배울 것이 많다. 그중에서 세 가지만 강조하고 싶다. 첫째, 바울 사도의 열정이다. 바울 사도는 골로새 교인들(현지인)을 향해 한없는 열정을 가지고 있었다. 그의 열정은 ① 기도할 때마다 그들에게 감사하는 마음으로 나타났다. ② 그들의 신앙이 성숙해지는 것을 보고 기뻐하는 것으로 나타났다. 바울 사도는 그들의 신앙심의 척도(barometer)를 믿음, 사랑 그리고 "하늘에 쌓아 둔 소망"이 얼마나 큰지로 보았다. 둘째, 이런 신앙심을 가진 사람들이 맺는 풍성한 열매에 대한 것이다. 우리가 바른 신앙을 가졌다면 반드시 열매를 맺게 될 것이다. 성숙한 인격의 열매이든 선교와 전도의 열매이든 반드시 결실을 얻게 될 것이다. 셋째, 에바브로의 삶을 통해 얻는 교훈이다. 에바브로는 바울 사도의 복음전파를 통해 구원을 받은 사람이다. 틀림없이 그는 고향인 골로새로 돌아가서 복음을 전파하여 결국 골로새 교회를 개척했을 것이다. 우리는 이러한 복음의 연쇄반응을 주목해야 한다. 오늘날도 이와 같은 일들이 한국 교회와 선교 현장에서 얼마든지 일어날 수 있다. 복음의 연쇄반응이 세상 모든 족속 가운데 일어날 것을 위해 간절히 기도하고, 이 일을 위해 우리 모두가 적극적으로 참여하기를 바란다.

나의 기도

주님, 오늘도 하나님 아버지로부터 은혜와 평강이 넘쳐흐르게 해 주신 것에 대해 감사와 찬양을 드립니다. 이 세상은 지금 소용돌이치고 있어서 매일 매일의 삶 가운데 하나님의 적극적인 간섭과 은혜와 평강이 없이는 살기 힘들 때입니다. 하나님께서 만져주시는 손길이 없으면 자녀를 낳는 것도 어렵고, 키우는 것도 힘들고, 직장에서 일하는 것도 불안하고, 선교지에서 사역하는 것도 혼란스러울 수밖에 없습니다. 하지만 하나님의 은혜와 평강이 우리에게 강같이 흐르기 때문에 두렵지 않습니다. 이로 인해 우리는 갓난아이를 양육할 수 있으며, 우리의 삶이 충만해지고, 선교지에서도 평안을 누리면서 하루하루 하나님의 선교에 참여할 수 있습니다. 우리가 어디에 살든지 그곳에서만 사는 것이 아니라 동시에 그리스도 안에 살고 있음을 믿습니다. 그 이유는 우리가 그리스도께서 보혈의 대가를 지불하고 대속(代贖)하신 성도이기 때문입니다. 우리의 감사와 찬양을 오늘도 받아 주시기 바랍니다. 아멘.

적용하기

1. 나의 삶 가운데 주님의 은혜를 얼마나 깊이 이해하고 감사하고 있는지 점검하라.

---

2. 나의 믿음, 사랑, 소망의 깊이가 어느 정도인지 점검하고, 이를 위해 목표를 새로 세우라.

---

3. 나의 삶이 교회 안과 밖을 향해 어떤 영향을 주고 있는지 점검하라.

2

바울의 간구와 그리스도인의 소속

골로새서 1:9-14

바울 사도가 골로새 교회 교인들에 대해 갖고 있던 열정은 헤아리기 어려울 정도로 크다. 그가 직접 선교한 사람들도 아니고, 얼굴조차 모르는 사람들이었을 것이다. 그런데도 바울 사도는 "듣던 날부터 너희를 위하여 기도하기를 그치지 아니하고 구하노니"(1:9)라고 말한다. 골로새서 1:9-14의 짧은 기도문은 한 성도가 어떻게 제자로서 성장해야 하는가를 모두 담아내고 있다.

어떻게 보면 너무 과장된 기도 내용이라고 할 수 있을지 모르지만 바울 사도가 가지고 있었던 골로새 교인들의 성장에 대한 비전을 생각하면 아주 대담하고도 분명한 성장에 관한 그림이라고 볼 수 있다. 우리도 이런 성장을 위하여 본문 말씀에 비추어보면서 어느 정도 성장했는지 깊이 생각해 볼 필요가 있다. 만일 우리가 하나님을 믿은 지 오래되었음에도 아직도 이와 같은 질적인 성장을 맛보지 못했다면 이같이 기도하며 본문이 제시한 로드맵대로 성장해야 한다.

가. 바울 사도의 간구(1:9-12)

질문 바울 사도는 골로새 교인들을 위해 무엇을 구했는가? 이중에 당신에게 부족한 것이 있는가? 자신에게 부족한 것이 있다면 이를 구하는 기도를 하라(1:9-12).

힌트

> 위어스비(Warren W. Wiersbe) 박사는 바울 사도가 골로새 교인들을 기억하면서 영적 통찰력(spiritual intelligence, 9 절)과 실제적인 순종(practical obedience, 10 절), 도덕적 순결(moral excellence, 11-12 절)을 위해 기도했다고 주장한다.

질문 우리는 왜 인간의 지혜와 지식만 가지고는 신앙생활과 사역을 할 수 없는가(1:9 하)?

질문 하나님께서 주시는 신앙생활의 원동력은 어떤 것들인가(1:11-12)?

힌트[1]

> 아는 것(knowledge, 9 절): 보통 지식이 아니라 좀 더 완전하고 정확하고 깊게 아는 것을 의미한다.
>
> 지혜와 총명(wisdom and understanding, 9 절): 실제적인 지혜 또는 실제적인 판단력을 말한다. 바울 사도는 지혜와 총명을 통해 하나님의 뜻(깊고 완전한 지식)을 더욱더 잘 알 수 있게 되기를 기도했다.
>
> 모든 견딤과 오래 참음(great endurance and patience, 11 절): 비겁하거나 절망하지 않고, 해를 받아도 원수 갚지 않고 꿋꿋이 나아가는 태도이다.
>
> 성도의 기업(inheritance of the saints, 12 절): 구약시대에는 가나안 땅이 하나님 백성의 기업으로 묘사되고 있지만 현재에는 우리에게 주어질 하나님 나라에 속한 유산을 의미한다.

비교(에베소서에 나타난 바울 사도의 기도)

- 에베소서 1:15-23

  ① 지혜와 계시의 영을 주셔서 하나님을 알게 해 달라고 기도했다.

  ② 마음의 눈이 밝혀져서 "부르심의 소망이 무엇이며 성도 안에서 그 기업의 영광의 풍성함"이 무엇인지 알게 해달라고 기도했다.

  ③ 그리스도의 능력을 더 알게 해달라고 기도했다.

- 에베소서 3:14-21

  ① 속사람을 능력으로 강건케 해달라고 기도했다.

  ② 그리스도의 임재를 위해 기도했다.

---

1 도날드 캠벨 외 3 인, 『갈라디아서·에베소서·빌립보서·골로새서』, 정민영 역 (서울: 두란노, 1987), 219-22.

③ 그리스도의 사랑을 알고, 하나님의 모든 충만으로 충만케 해달라고 기도했다.

나. 그리스도인의 소속(1:13-14)

질문 흑암의 권세와 하나님의 사랑의 아들의 나라의 차이점에 대해 나누어 보라(1:13-14).

....

....

....

질문 누가 우리를 흑암의 권세에서 건져내어 하나님 아들의 나라로 옮겼는가? 이 사실이 우리에게 주는 의미는 무엇인가(1:14)?

....

....

....

힌트2

흑암의 권세(the dominion of darkness, 13 절): 흑암은 종종 사단의 영역으로 쓰인다(눅 22:53). 그리스도께서 십자가에 죽으심으로 말미암아 흑암의 권세에 대해 승리를 선포했고, 이제 그리스도는 흑암의 영역에 들어가 포로(죄인, 무지한 자) 된 자들을 건질 수 있다. 여기서는 골로새에 있는 이단들을 가리키는 것으로 볼 수 있다.

사랑의 아들의 나라(the kingdom of the Son He loves, 13 절): 구원받은 사람들은 이미 하나님의 나라에 들어온 것이지만, 아직 하나님의 나라가 완전히 이루어진 것은 아니다. 현재는 부분적으로 이루어진 것이다. 그러나 주님께서 재림하실 때는 완전한 하나님의 나라가 도래(到來)할 것이다. 이런 관점에서 볼 때 하나님의 나라는 지역적인 개념이 아니며, 지금 완전히 이루어진 상태도 아니지만 장차 이루어질 종말론적 왕국(eschatological kingdom)을 의미한다. 현재 우리는 그리스도 안에서 제한적으로 이루어진 것만을 누리면서 살고 있다. 우리의 새 생명도 이미 이뤄진 영역과 앞으로 이루어질 부분(부활의 새로운 몸까지 받는 것)이 있는데, 우리는 이 모든 것이 완전히 이루어질 때를 고대하면서 현재를 살아간다. 그러나 분명한 사실은 우리가 장차 온전히 이루어진 하나님의 나라에서 살게 된다는 것이다.

옮기셨으니(brought, 13 절): 한 나라에서 다른 나라로 이민을 갔을 때 쓰는 동사이다. 새로운 나라에 시민권을 취득하고 재정착하는 의미로 종종 쓰인다.

속량(redemption, 14 절): 이 말은 전쟁 중 일정한 대가를 주고 포로를 석방하는 의미로 쓰였다. 여기서는 그리스도의 보혈(엡 1:7; 롬 3:24)의 공로로 우리가 죄의 포로 상태에서 해방되었음을 의미한다. 이는 은혜로 된 것이지 우리의 선행이나 공로로 된 것이 아니다. 그리스도께서 십자가에서 고난을 받으시고 우리를 위해 대신 피를 흘리심으로써 죄와 흑암의 권세로부터 완전히 해방시켜 주셨다.

질문 만일 당신이 구속받은 경험이 있으면 어떻게 구속받았는지 그 경험을 간단히 기록하고, 이를 서로 나누라.

....

....

---

2 Vaughan, *Colossians*, 200-201.

이 과를 마치면서

본문은 크게 두 가지 주제를 다루고 있다. 첫째, 골로새 교인들을 위한 기도 내용이다. 이 기도 내용을 통해 서론에서 이미 언급한 것처럼 골로새 교인들의 성숙에 대한 로드맵을 찾아볼 수 있다. 이는 곧 우리가 어떻게 성숙해야 하는가에 대한 스케치이기도 하다. 둘째, 하나님의 나라(왕국)에 관한 것이다. 하나님의 나라가 아직은 완성된 것이 아니지만 이미 예수님의 성육신을 통해 도래(到來)했다. 예수님이 공생애를 시작하셨을 때 첫 메시지가 "회개하라 천국이 가까이 왔느니라"(마 4:17)였으며, 마가는 좀 더 구체적으로 이렇게 기록했다.

> 이르시되 때가 찼고 하나님의 나라가 가까이 왔으니 회개하고 복음을 믿으라 하시더라(막 1:15).

바울 사도는 본문을 통해 골로새 교인들이 이와 같은 하나님의 나라에 이미 입문했으며, 그 안에 살고 있다는 사실을 분명하게 말하고 있다. 그 안에는 어둠의 세력이 더 이상 권세를 갖지 못하고, 오히려 그 아들 곧 우리 주 예수 그리스도께서 통치하신다.

아직은 우리가 이런 신비를 부분적으로만 경험하고 있다. 완전한 것은 미래에 주님의 재림 시에 가서야 경험하게 될 것이다. 아직 세상에서 살고 있지만 우리는 세상에 속하지 않고 오히려 하나님의 나라의 시민으로서 우리의 왕이신 주 예수 그리스도의 통치를 받으면서 그 나라의 세계관과 가치 기준에 따라 살아야 한다. 그곳은 어둠의 세력이 권세를 떨치지 못하며, 우리 주님께서 계속 우리에게 은혜와 평강과 사랑을 베푸시는 곳이다. 그렇기 때문에 우리의 기도는 이 나라에 대한 소망과 함께 이 나라의 시민으로서 사는 것을 더 많이 이해하고 더 많이 누릴 수 있게 해 달라는 것이 되어야 한다. 오늘도 우리 주위에 있는 영적인 실체를 이해하고, 전적으로 하나님 나라의 시민으로서의 특권을 누릴 뿐만 아니라 적극적으로 그 나라의 시민답게 살아야 할 것이다.

나의 기도

하나님 아버지, 오늘도 우리를 하나님의 나라 시민으로 살게 해 주신 것에 대해 감사와 찬양을 드립니다. 우리가 아직은 미숙해서 얼마나 큰 특권을 받은 사람들인지 다 깨닫지 못하고 여전히 어둠의 세력에 의해 억압받는 생활을 하기 쉽습니다. 그런데도 이렇게 명백하게 우리들이 이미 하나님의 아들의 나라에 속했다는 사실을 공포해 주셔서 감사합니다. 이제 이후로 더욱 주님 안에서 자유를 누리면서 살겠습니다. 죄와 죄의식으로부터 자유하고, 악(惡)의 영(靈)에 의한 정죄로부터의 자유하고, 모든 마귀의 억압으로부터 자유를 누리고 살겠습니다. 이 자유를 누릴 뿐만 아니라 바울 사도가 골로새 교인들을 위해 기도한 대로 우리도 또한 연약한 사람들을 위해 기도하며 이들과 함께 주님의 제자로서 자라가겠습니다. 주님께서 우리 속에 이런 역사를 계속 일으켜 주실 것을 믿으며, 세상 모든 족속 가운데서도 이와 같은 역사가 속히 일어나게 해 주시길 기도합니다. 아멘.

적용하기

1. 나의 현 영성의 위치가 어디인지 표시해 보라.

   (   ) 흑암의 권세 아래 있음

   (   ) 하나님의 사랑의 아들의 나라에 있음

2. 자신의 기도 목표를 점검하고, 더 열심히 기도해야 할 분야에 ○로 표시하라.

	(가장 작게)								(가장 많이)	
하나님을 아는 지식	0	1	2	3	4	5	6	7	8	9	10
주님을 순종하는 것	0	1	2	3	4	5	6	7	8	9	10
선한 행동을 하는 것	0	1	2	3	4	5	6	7	8	9	10
하나님의 능력을 의지하는 것	0	1	2	3	4	5	6	7	8	9	10
기쁨으로 어려움과 비난을 이김	0	1	2	3	4	5	6	7	8	9	10
빛 가운데 사는 것	0	1	2	3	4	5	6	7	8	9	10

3

그리스도의 탁월성

골로새서 1:15-23

골로새서에 언급된 이단은 그리스도의 권위를 격하시켜 그리스도를 마치 여러 천사 중에 하나처럼 만들었다. 구원의 문제만 해도 그들은 그리스도의 보혈, 곧 주님의 은혜만으로는 부족하다고 주장했다. 그들은 우리가 구원받기 위해서 천사숭배나 구약에 나오는 예식들을 더해야 한다고 가르쳤다. 이런 그릇된 교리를 배격하기 위해 바울 사도는 우주 가운데 그리스도가 어떤 위치에 계신가를 상세하게 묘사했다. 그 결과 우리는 이 본문을 통해 예수 그리스도의 유일성과 탁월성에 대해 좀 더 자세히 알 수 있게 되었다.

우리 주 예수 그리스도는 모든 만물 위에 뛰어나신 분이다. 주님께서는 삼위일체 하나님의 한 위(位, Person)로 계시면서 이 우주를 창조하시고 만물을 다스리시며 모든 권세와 천사와 능력들을 통치하고 계신다(마 28:18). 비록 잠깐 이 땅에 육체를 입고 오셔서(성육신) 우리에게 하나님이 어떤 분이신가를 알리는 일을 하셨지만 그리스도는 여러 종교의 창시자 중의 한 분이 아니다. 그리스도는 성 삼위(三位)

의 한 분으로서 온 우주를 창조하시고 통치하시는 주이시며, 우리의 구세주(救世主)와 주인(主人)이시다.

또 그리스도는 우리가 영원토록 예배하고 경배해야 마땅한 분이시다. 그리스도는 만물 위에 뛰어나실 뿐 아니라 교회의 머리가 되신다. 이런 주님께서 우리를 위해 십자가에 죽으신 것이다. 하지만 죽음도 주님을 가둬 두지 못하였고, 3일 만에 부활하시어 지금은 하나님 아버지 우편에 앉아 계시면서 우리를 위해 대제사장(변호사와 비슷한 역할)으로서 우리를 대변(代辯)하고 계신다(히 4:14-16; 10:12).

가. 그리스도께서는 만물을 창조하시고 만물을 통치한다(1:15-17).

질문 그리스도가 "보이지 아니하는 하나님의 형상"이란 말씀은 무엇을 의미하는가(골 1:15; 고후 4:4; 히 1:3; 고후 3:18; 요 1:14)?

....

....

....

....

힌트

> **하나님의 형상¹(image of God, 15절)**: 이는 하나님 아버지와 예수님의 육신의 모습이 닮았다는 의미로 쓰인 것이 아니라 오히려 다음 두 가지 의미로 한 하나님의 속성을 지니신 분이라는 뜻이다.
>
> ① 그리스도는 하나님의 전인격을 소유하시며 동시에 이를 나타낸다.

---

1 Dunn, *The Epistles to the Colossians and to Philemon*, 88. "··· interaction with his world and

② 그리스도는 영원 전부터 하나님의 형상을 지니고 계셨다. 하나님의 형상을 갖게 된 시기는 성육신하셨을 때부터가 아니다. 주님께서는 영원 전부터 하나님의 형상과 속성을 계속 지니고 계셨다. 그러므로 우리가 그리스도를 우리 마음에 영접한다는 것은 하나님과의 관계가 맺어지고, 그분의 자녀가 된다는 뜻이다. 그 결과 그리스도께서는 우리에게 하나님을 알게 해 주실 수 있었다. 바로 이런 이유로 그리스도를 안 사람은 하나님을 안다고 말할 수 있다.

여기서 바울 사도는 하나님의 사랑을 받는 아들로서 주님은 '하나님의 형상'이며, '하나님을 나타내주시는 분'이며, '하나님 본체'라고 믿었다.[2]

질문 피조물과 예수 그리스도와의 관계는 어떠한가(골 1:15-16; 창 1:1; 히 1:1-2; 요 1:3)? 우리는 이를 어떻게 삶 가운데 적용할 수 있는가?

....

....

....

....

힌트

먼저 나신 이(first-born, 15절): 골로새서 1:18과 로마서 8:29에서도 같은 의미를 찾아볼 수 있다. 첫째, 시간상으로는 누구보다 먼저

---

his people, ways in other words, of speaking of God's immanence while safeguarding his transcendence — in a word, 'personifications' of God's wisdom rather than 'intermediaries' or 'hypostasis' …" 하나님께서는 세상이나 그 사람들과 대화를 나누시는 데 있어서 '인격화'하심으로써 다른 비인격적인 분으로나 추상적인 존재로서 나타나는 것을 방지하기 위해 하나님의 형상(image of God)이라는 용어를 채택하셨다(필자 역).

2 Tremper Longman III and David E. Garland, *Ephesians through Philemon*, The Expositor's Bible Comentary (Grand Rapids: Zondervan, 1978), 289.

계셨음을 의미한다. 이때 우리가 조심해야 할 사실은 그리스도께서 시작하신 때가 있다고 주장해서는 안 된다는 것이다. 주님께서는 영원 전부터 계셨다. 둘째, 가장 으뜸이 되신다는 뜻이 될 수 있다. 셋째, '장자'라는 뜻도 될 수 있다. 이는 그리스도께서 다른 자녀가 누릴 수 없는 독특한 위치를 차지하고 있음을 의미한다. 여기에서는 이 모든 뜻을 다 내포하고 있다고 보는 것이 타당하다. 결론적으로 주님은 만물이 창조되기 전에 계셨고, 만물을 다스릴 수 있는 분임을 알 수 있다. 이분이 바로 우리의 "길이요 진리요 생명"(요 14:6)이 되시고, 하나님께로 나아갈 수 있도록 길을 예비해 놓으셨다(히 10:20).

질문 예수 그리스도는 어떤 것들을 창조하셨는가? 이 사실은 예수 그리스도를 구주로 모시고 사는 우리에게 어떤 의미를 부여하는가(1:16)?

....

....

....

....

힌트3

> **만물(all things, 16 절)**: 우주라는 뜻으로 사용되기도 하지만 여기에서는 보이는 것이나 보이지 않는 것을 총망라하고 있다.
>
> **왕권들이나 주권들이나 통치자들이나 권세들이나(thrones or dominions or principalities or powers, 16 절)**: 이들은 골로새 이단들이 주장하고 있는 그릇된 영적 세력들을 말하고 있다. 그리스도께서는 골로새 이단들이 주장하고 있는 여러 천사나 신(神)들 중의 하나가 아니라 이들을 모두 처리하고 지배할 수 있는 능력이 있는 분이다.

---

3 Bruce, *Commentary on the Epistles to the Ephesians and Colossians*, 198.

질문 만물이 창조된 목적이 무엇인가? 우리는 이 사실을 우리의 생활 가운데 어떻게 적용해야 하는가(1:16)?

힌트

> 다 그로 말미암고 그를 위하여 창조되었고(for by Him all things … created through Him and for Him, 16절): 그리스도께서 직접 온 우주를 창조하셨다. 또 이 구절은 만물을 창조한 목적도 말씀해 주고 있다. 바로 주님을 위해 창조된 피조물이라는 점을 분명히 언급한다. 이로써 우리는 당연히 주님의 주권(主權)을 인정해야 한다.

질문 만일 그리스도께서 지금도 만물을 붙들고 계시지 않는다면 만물(세상)이 어떻게 되겠는가? 그리스도께서 만물을 붙들고 계시기에 우리는 어떤 마음으로 살 수 있는가?

나. 교회의 머리이신 그리스도(1:18)

질문 그리스도와 교회는 어떤 관계가 있는가? 이 사실로 인해 우리는 교회에 대해 어떤 자세를 가져야 한다고 가르치고 있는가(1:18)?

힌트

   브루스는 그리스도가 교회의 머리가 되시고, 교회는 그의 몸이라
는 사실을 다음과 같이 해석했다.[4]

   ① 그리스도와 그리스도인들은 한 연합체이다.

   ② 그리스도인은 머리인 그리스도로부터 지시를 받아 움직여
      야 한다.

   ③ 그리스도의 부활하신 능력이 몸인 교회 가운데도 나타나
      고 있다.

질문 고린도전서 12:12-27에서는 그리스도와 그리스도인들과의 관계를 어
     떻게 설명하고 있는가? 이것이 우리에게 주는 의미는 무엇인가(롬
     12:4-9)?

....

....

....

....

힌트

   브루스의 주장 이외에도 다음과 같은 설명이 있다.

   ① 우리는 모두 그리스도의 지체이므로 서로 도와야 한다.

   ② 머리 되시는 그리스도께서 몸인 우리를 보호하실 수 있다.

   ③ 그리스도께서 우리 모든 것의 공급원(供給源)이 되신다.

---

4 Bruce, *Commentary on the Epistles to the Ephesians and Colossians*, 201.

다. 화목 주(reconciling Lord)가 되신 그리스도(1:19-23)

질문 바울 사도는 왜 아버지께서 모든 충만으로 예수 안에 거하신다고 하는가? 이것이 우리에게 주는 의미는 무엇인가(1:19)?

....

....

....

힌트5

골로새 이단은 그리스도를 여러 천사 중의 하나로 보았다. 또 하나님의 모든 부분을 대표하는 것이 아니라 일부분만을 대표한다고 보았다. 반면에 바울 사도는 그리스도 안에서 하나님은 모든 충만(fullness)으로 거하신다고 주장했다.

충만(fullness, 19 절): 이 단어는 신약에서 여러 번 나온다. 하지만 본문과 같은 의미로 쓰인 곳은 4 번밖에 없다(엡 1:23; 3:19; 4:13; 골 2:9).

① 칼뱅은 모든 의, 지혜, 능력과 영적 축복이 충만한 것이라고 주장했다.

② 픽(Peake)은 하나님의 모든 은혜, 곧 하나님께서 주시는 모든 영적 은혜의 충만함으로 보았다(Meyer, Eadie 도 같은 견해).

③ 모울(Moule)은 하나님 자신이 완전하게 나타나시는 의미로 보았다.

④ 라이트풋(Lightfoot)은 하나님의 모든 능력과 속성을 의미한다고 했다.

⑤ 골로새서 2:9 의 내용을 미루어 보아 여기서는 하나님의 모든 능력과 속성이 전부 그리스도 안에 거하는 것으로 해석하는 것이 타당하다.[6]

거하게 하심(dwell, 19 절): 잠깐 거하다가 떠나간다는 골로새 이단의 이론과는 정반대로 항상(permanent) 또는 영원히 거한다는 의미가 있다.

질문 그리스도께서는 무엇으로 하나님과 우리를 화목하게 하시는가 (1:20-22)?

힌트7

화목(reconcile, 20 절): 적(enemy)의 상태에서 친구(friend)의 상태로 바꾸는 것을 의미한다. 이는 하나님과 화목하지 못했던 사람들을 하나님께 순종하게 하고, 하나님과 온전한 관계를 맺도록 변화시키는 것을 의미한다(롬 5:10-11; 고후 5:18-20; 엡 2:14-15).

십자가의 피(blood of His cross, 20 절): 예수님이 십자가에서 자신의 생명을 쏟아 죽음을 맛보신 것을 의미한다. 그리스도께서 우리를 위하여 이와 같은 처참한 죽음을 맛보셨기 때문에 우리가 믿었을 때 의롭다 함을 얻을 수 있게 되었다.

---

5 Vaughan, *Colossians*, 185-86.
6 Vaughan, *Colossians*, 185-86.
7 Bruce, *Commentary on the Epistles to the Ephesians and Colossians*, 186.

질문 본문을 읽고 내용을 나누어 보라(1:20-23).

....

....

....

힌트

> **만물 곧 땅에 있는 것들이나 하늘에 있는 것들(whether things on
> earth or things in heaven, 20 절)**: 칼뱅은 화목의 범위를 하늘에 있
> 는 천사들로 국한하고 있다. 반면에 보간(Vaughan)은 천국에 있는
> 것과 땅에 있는 것 전부를 가리키되, 다른 곳에서 말하고 있는 교
> 훈과 함께 보아야 한다고 주장한다. 이는 믿지 않는 자가 지옥에
> 간다는 것과 마지막 심판이 있다는 것 등을 고려해야 함을 의미한
> 다.
>
> **화목하게 되기를(20 절)**: 이 구절은 19 절에서 "아버지께서는 모든
> 충만으로 예수 안에 거하게 하시고"와 똑같이 '기뻐하신다'라는 동
> 사로 받고 있다. 이를 통해 아버지께서 우리를 화목하게 하는 것을
> 얼마나 기뻐하시며 중요시하는가를 알 수 있다.
>
> **만일 너희가 믿음에 거하고(if you continue in your faith, 23 절)**:
> 어떤 주석가는 단순히 우리가 태만하지 않도록 경고하는 것이라고
> 주장한다. 브루스(F. F. Bruce)는 성도들이라면 반드시 끝까지 견뎌
> 내야 한다는 것을 의미한다고 말한다. 참 믿음이 있는 사람은 인내
> 해야 한다는 것이다.[8] 한 가지 분명한 것은 그리스도께서 보혈을
> 통해 성취하신 구원은 은혜로 된 것이며 확고부동하다는 사실이다.
> 또 선행이 뒤따르게 되는 것도 당연하다. 그러나 이 구절은 선을
> 행하면 구원받는다는 뜻이 결코 아니다.

---

[8] Bruce, *Commentary on the Epistles to the Ephesians and Colossians*, 213; Vaughan, *Colossians*, 187.

화목하기 전과 화목한 후의 비교

화목하기 전	화목한 후
마음과 생각에 영향	하나님의 자녀가 됨
나쁜 행동 초래	행동이 점진적으로 선하게 됨
재림 시 심판	재림 시 완전케 함

화목하기 전의 우리	화목한 후 우리의 상태	나에게 주는 의미

이 과를 마치면서

지금은 그 어느 때보다도 그리스도의 유일성(唯一性)과 탁월성(卓越性)에 대한 메시지가 필요한 시기이다. 과거 어느 때에도 이 메시지가 필요 없을 때는 존재하지 않았지만 21세기 현대에는 더더욱 이 메시지가 아주 절실하게 필요하다는 뜻이다. 오늘날 사람들은 진리가 존재하지 않는다고 믿고 있고, 이로 인해 하나님의 존재에 대해서 갈수록 망각하고 있으며, 단지 눈에 보이는 것과 사이버 상에 나타나는 것을 가지고 하루하루 살아가는 세대가 되고 말았다.

이런 때일수록 우리는 본문의 메시지를 더욱 분명히 알고 이를 전달하기 위해 노력해야 할 것이다. 온 우주를 통치하시는 하나님이 계시고, 그분은 한시도 빼놓지 않고 우리와 동행하고 계신다는 점을 확실히 믿어야 한다. 주님은 지금도 이 우주를 창조하셨던 때와 같이 이 세상을 주관하고 계신다. 우리의 창조주시며, 모든 피조물의 근원이 되시며, 동시에 구속주이시다. 이런 주님께서 교회의 머리가 되시며 동시에 우리는 그 지체가 된다. 그러므로 우리는 영원히 주님을 찬양하고 경배를 드려야 마땅하다. 오늘도 이와 같은 주님과 동행하며 그 임재를 누리라. 우리만 이 특권을 누리지 말고, 세상 모든 족속도 만물을 통치하시는 주님을 하루속히 자신의 구주와 주인으로 영접할 수 있도록 최선을 다해야 한다.

나의 기도

　하나님 아버지, 지금처럼 온 세상이 소용돌이 속에 있는 때를 본 적이 없습니다. 모든 것이 불확실하고 흔들리고 있습니다. 자연재해가 요즘처럼 많이 일어나는 것도 과거에는 경험하지 못했습니다. 이런 때일수록 주님의 존재가 더 강하게 느껴집니다. 주 중의 주요, 온 우주를 통치하시는 하나님이시며, 우리의 구속주이실 뿐만 아니라 교회의 머리가 되신 주님을 바라봅니다. 주님께서 통치하시기 때문에 우리는 마음에 평안을 누릴 수 있고, 찬양할 수 있습니다. 기뻐할 수 있습니다. 관용을 베풀 수도 있습니다. 오늘도 이처럼 위대하신 주님과 동행하기를 원합니다. 저희만 이 특권을 누리지 말고 속히 모든 족속도 왕되신 주님을 구주와 주인으로 모시고 하나님 나라의 백성으로서 특권을 누릴 수 있게 해 주시옵소서. 아멘.

적용하기

1. 내가 믿는 주님의 참된 본질에 대해 확실히 알고 주님을 좇고 있는지 점검하라.

_____

_____

_____

_____

2. 교회의 머리가 되시는 주님의 본질에 대해 더 깊이 묵상하고 자신의 교회생활에 적용하라.

_____

_____

_____

_____

3. 나를 구원하신 주님을 더욱 깊이 사랑하는 마음을 가지고 기도하라.

_____

_____

_____

_____

4

교회를 위한 바울 사도의 사역

골로새서 1:24-29

고난은 아무에게나 어떤 이유에서든지 즐거운 것이 아니다. 그러나 바울 사도는 고난 중에도 골로새 교인들을 위해 기도하며 자신이 받은 고난에 대해 기뻐한다고 말했다. 심지어 그리스도의 남은 고난을 그리스도의 몸인 교회를 위해 자신의 육체에 채운다고 말한다. 그 이유는 다음 두 가지로 요약해 볼 수 있다.

첫째, 앞에서 언급한 그리스도의 탁월성과 그것이 주는 의미 때문이다. 그리스도는 만유의 주이시며 동시에 우리의 구세주이다. 그런데 만유의 주 되신 주님께서 십자가에서 죽기까지 고난을 받으심으로 우리를 구속하셨다. 누구든지 이 사실을 깊이 깨달은 사람이라면 바울 사도처럼 주님의 남은 고난을 하나님의 백성들을 위해 자신이 감당할 수 있게 된다.

둘째, 주님께서 십자가에서 몸소 흘리신 피 값으로 사신 교회의 귀중함을 깨달았기 때문이다. 비록 골로새서는 그리스도의 탁월성이 그 주제이고 교회에 대한 신비는 주로 에베소서를 통해 집중적으로 언급

되었지만, 골로새서 1:24-29의 짧은 본문을 통해 교회의 비밀과 신비에 대해서도 언급하고 있다. 본문은 우리가 어떻게 주님의 백성이 되고 장성할 수 있는가에 대한 비전을 제시한다. 이런 교회의 아름다운 모습을 본 사람이라면 교회를 위해, 또한 주님을 위해 평생 주님의 종이 될 것이다. 오늘 이 말씀을 공부하면서 자신의 삶을 말씀에 비추어 보고 바울 사도처럼 주님과 교회의 종이 되기를 소망하며, 이를 위해 고난까지도 기꺼이 받겠다는 고백을 할 수 있게 되기를 간절히 축원한다.

가. 바울의 고난(1:24)

질문 바울 사도는 누구를 위하여 고난을 받는가(1:24 상)?

....

....

....

질문 바울 사도는 왜 그렇게 기꺼이 고난받기를 원하는가(1:24 하)?

....

....

....

힌트

> **나는 이제(now, 24절)**: 여기서 '이제'는 '지금 바로' 혹은 '그러므로'라는 뜻으로 해석할 수 있다. 이렇게 볼 때 바울 사도는 앞에서

---

1 Vaughan, *Colossians*, 189-90.

(1:15-23) 언급한 대로 그리스도께서 자신의 모든 것이 되시므로 고난받는 것도 즐겁다고 말할 수 있었다.

위하여(24절): 이 말이 두 번 나오고 있는데, 여기서는 '대신하여'(in place of)라는 뜻보다 '유익을 위하여'라는 뜻이다.

괴로움(24절): 이방인에게까지 복음이 전파되기 위하여 바울 사도는 로마 감옥에 투옥되었다. 전 교인(이방인과 유대 그리스도인들)에게 유익을 끼치기 위해 바울 사도는 고난을 받았다.

그리스도의 남은 고난(what is lacking in the afflictions of Christ, 24절): 이 구절을 해석하는 데 있어서 가톨릭 일각에서는 아직도 구속의 완성을 위해 부족한 고난을 채워야 함을 주장하기도 한다 (그리스도의 십자가 상의 사역 + 우리의 고난). 반면 주석가 라이트풋(Lightfoot)은 그리스도의 구속 사역에 부족한 면이 있다는 것이 아니라(이는 완전함, 히 10:10, 18), 그리스도께서 우리가 감당하도록 남겨 두신 사역에 따르는 고난을 의미한다고 해석한다. 바울 사도는 이런 면에서 부족한 고난을 채우는 것으로 표현했다. 성도들의 고난은 바로 이런 면에서 그리스도의 고난에 동참하는 것이기도 하다. 이처럼 그리스도와 우리가 한 몸이 되었기 때문에 우리의 고난도 그리스도의 고난이 된다.[1]

나. 바울 사도의 헌신적 태도(1:25-29)

질문 바울 사도는 어떻게 하나님의 일꾼이 되었으며, 어떤 목적을 위하여 일꾼이 되었는가(1:25-27)?

힌트

> **하나님의 말씀을 이루려 함이니라(25 절)**: 영어로 보면 "너희에게 하나님의 말씀을 완전히 전하기 위하여"(NIV) 또는 "하나님의 말씀을 설교하는 일을 완전히 이루기 위하여"(NASV)라고 했다. 즉, 하나님의 말씀을 온전하게 전하는 것이 바울 사도의 염원(念願)이었던 것을 알 수 있다.[2]
>
> **비밀(mystery, 26 절)**: 주로 '공개된 비밀'이란 뜻으로 쓰이나 정확한 내용은 앞뒤 문맥을 보고 결정해야 한다. 여기서는 구약시대에 약속된 구원이 유대인뿐만 아니라 이방인에게도 주어졌으며, 복음의 내용은 바로 그리스도 자신이라는 것을 알 수 있다(27 절).[3]
>
> **영광의 소망(the hope of glory, 27 절)**: 소망은 기쁨과 기대 가운데서 기다린다는 뜻이고, 영광은 그리스도에게 주어진 하늘(천국)에 속한 선물을 의미한다. 그리스도인들은 현재 그 영광을 부분적으로만 경험하고 살아가지만 주님께서 재림하실 때 완전하게 경험할 것이라는 소망 가운데 살아간다.[4]

질문 바울 사도는 어떤 목표를 가지고 각 사람을 가르치는가? 우리에게 이 사실은 어떻게 적용될 수 있는가(1:28)?

....

....

....

....

---

[2] Still, *Colossians*, 301.

[3] Vaughan, *Colossians, 192; Bruce, Commentary on the Epistle to the Ephesians and the Colossians*, 218; Ralph Martin, *Colossians and Philemon*, The New Century Bible Commentary (Grand Rapids: Eerdmans, 1973), 71.

[4] Bruce, *Commentary on the Epistle to the Ephesians and the Colossians*, 219.

> **완전한 자(perfect in Christ Jesus, 28 절)**: 그리스도인의 믿음과 성품이 완숙(完熟)함을 의미한다. 하지만 이런 완전한 성숙은 재림 시에 가능할 것이다.[5]

질문 바울 사도는 누구에게 힘과 지혜를 얻어 사역했는가? 우리는 이를 통해 어떤 교훈을 얻을 수 있는가(1:29)?

_____

_____

_____

_____

힌트

> **수고(labor, 29 절)**: 일반적으로 육체적인 노동을 의미하지만 여기서는 바울 사도가 영혼들을 위하여 열심히 사역한 것을 나타내고 있다.
>
> **힘을 다하여(striving, 29 절)**: 운동경기 중 승리하려고 투쟁하는 모습을 연상시키는 말이다. 여기서는 바울 사도가 주님의 사역을 위하여 힘을 다해 애쓰는 모습을 묘사하고 있다.
>
> **내 속에서 능력으로 역사하시는 이의 역사를 따라(according to His working which work in me mightily, 29 절)**: 바울 사도는 자신이 발휘할 수 있는 모든 힘을 동원하여 노력하지만 이것 또한 하나님께서 주시는 능력으로 말미암는다고 말했다. 주님을 의뢰하고 믿을 때 우리는 인간적인 힘을 초월해서 능력을 발휘할 수 있다.[6]

---

5 Vaughan, *Colossians*, 193.
6 Vaughan, *Colossians*, 193; Martin, Colossians and Philemon, 73-74.

이 과를 마치면서

이 짧은 과를 통해 우리는 교회가 교인들을 어떻게 양육해야 하는가에 대한 비전을 발견할 수 있다. 이는 주님께서 열두 제자들을 훈련하셔서 결국 사도행전에 나타난 첫 교회가 세워질 수 있게 하신 것을 통해서도 확인된다. 바울 사도는 예수님의 교회 개척 전략을 골로새 교회에 적용하면서 다음과 같이 일반화했다. 즉, 교인들을 '그리스도 안에서 완전한 자로 세우는 것'을 통해 교회가 세워질 수 있게 했다. 바울 사도는 이를 위해 자신의 생명을 다하고, 심지어 고난까지 마다하지 않았다고 고백한다.

주님께서는 교회를 세우시기 위해 십자가에서 피를 흘리시고 구속 사업을 완성하셨다. 이 비밀을 아는 바울 사도로서는 다른 선택의 여지가 없었을 것이다. 우리도 마찬가지다. 우리에게도 다른 선택의 여지가 없다. 주님께서 세워주신 교회를 위해 우리들 또한 일꾼이 되어 교회가 완전해질 때까지 우리의 삶을 모두 쏟는 것밖에 없다. 이는 누가 봐도 당연한 일이다. 바울 사도가 보았을 때도, 우리가 보았을 때도, 또 세상 모든 족속의 상태를 보았을 때도 동일하다. 주님이 어떤 분이신 것을 깨달았다면, 그리고 주님께서 우리를 위해 십자가에서 고난을 받으셔서 우리를 위한 화목 제물이 되신 것을 깨달았다면 우리는 이 수고를 감당해야 한다.

> 그는 우리 죄를 위한 화목 제물이니 우리만 위할 뿐 아니요 온 세상의 죄를 위하심이라(요일 2:2).

나의 기도

하나님 아버지, 오늘 우리는 주님의 놀라우신 뜻에 따라 탄생한 교회의 귀중함에 대해 살펴 보았습니다. 이 교회를 위해 우리가 어떻게 사역해야 하는가도 분명하게 가르쳐 주셨습니다. 감사와 찬송을 드립니다. 이제부터 우리도 교회를 위해 더욱 충성하고, 고난까지도 마다하지 않겠습니다. 세상 모든 족속 가운데 교회가 탄생하고, 교회에 속한 교인들 모두가 완전한 주님의 백성으로 성장할 수 있도록 기도하고 양육하는 일에 어떤 형태로든지 참여하기를 원합니다. 주님께서 이를 위해 우리에게 능력을 베풀어 주시기를 바랍니다. 아멘.

적용하기

1. 주님께서 고난을 받음으로 우리가 구원을 받을 수 있게 해 주신 것에 대해 감사하는 마음으로 기도하라.

....

....

....

....

2. 주님께서 고난을 받으신 결과 골로새 교회가 탄생했던 것과 같이 현재도 한 교회가 온전히 세워지기 위해서는 희생 없이는 불가능하다. 이를 위해 내가 할 일이 무엇인지 점검해 보라.

....

....

....

....

5

그리스도인의 성장의 비결

골로새서 2:1-7

　　바울 사도의 선교 전략을 한마디로 요약한다면 바로 '하나님의 교회'다. 예수님은 하나님의 나라를 강조했고, 바울 사도는 교회를 강조했다. 이 둘은 혹자의 말처럼 다른 것이 아니라 동전의 양면과 같은 것이다. 물론 하나님의 나라는 교회보다 더 큰 개념이다. 하나님의 나라가 이 땅에 도래(到來)하는 것이야말로 궁극적인 하나님의 목표다. 비록 지금은 부분적으로만 성취되었지만 주님의 재림 시에 온전한 모습을 드러낼 것이다. 현 시점에서 하나님의 나라를 가장 잘 나타내 줄 수 있는 길은 교회가 교회답게 되는 모습을 통해서다.

　　교회가 교회다운 모습을 드러내는 것은 교인들의 성숙 여부에 달려 있다. 바울 사도는 교인들이 잘 자라고 원래 하나님께서 의도했던 교회의 모습을 갖추었을 때 이단이 주는 그 어떤 유혹도 통하지 않을 것이라고 굳게 믿었다. 바울 사도는 이런 관점에서 성도들이 어떻게 성장할 수 있는가에 대해 중요한 지침을 주고 있다. 이는 크게 두 가지로 요약된다.

첫째, 그리스도 안에 우리의 영적 성장을 위한 모든 보화(寶貨)가 다 감춰져 있다는 사실을 깨닫는 것이다. 둘째, 우리는 그 보화를 잘 활용해야 한다. 이는 우리가 주님께서 이미 마련해 놓으신 보화를 백분 활용해서 성장 과정을 성실히 좇아가야 한다는 것이다. 한편으로는 그리스도를 깨달음으로부터 오는 축복을 말하였고, 또 다른 한편으로는 인간 편에서 행해야 할 의무에 대해 말한 것이다. 이 의무란 성장을 위해서 주님의 제자로 자라가는 것을 말한다.

이 두 가지는 불가분의 관계에 있다. 그리스도에 대한 깊은 깨달음과 제자도는 결코 분리될 수 없다. 우리의 삶 가운데 그리스도의 탁월성에 대해 더 깊이 깨달으면 깨달을수록, 그리고 이를 더 깊이 우리의 삶 가운데 적용하면 적용할수록 우리는 제자로서 더 많이 성장하게 될 것이다.

가. 골로새 교회를 위한 바울 사도의 사역 방향(2:1-2)

질문 바울 사도가 골로새서를 쓸 당시 로마 감옥에 있었던 것을 미루어 보아 그가 골로새 교인들을 위해 힘써서 했던 일은 무엇인가(1:9; 2:1)?

....

....

질문 마치 운동선수가 승리를 위해 애쓰듯이 바울 사도가 골로새 교인들을 위해 애쓴 것은 어떤 목적을 위함이었는가? 현대에도 이런 것들이 필요한가(2:2)?

....

....

힌트

위안(**may be encouraged**, 2 절): 이 단어 자체는 '함께해 주는 것'(to call to one's side)이라는 뜻으로 사용되지만 위로나 격려, 권고란 의미로도 쓰인다. 그러나 여기서는 이단에 대항할 수 있도록 강건케 되는 것을 의미할 가능성이 있다.[1]

사랑 안에서 연합하여(**united in love**, 2 절): 진정한 연합은 사랑을 서로 주고받음으로 이루어진다.

확실한 이해의 모든 풍성함(**the full riches of complete under-standing**, 2 절): 완전한 이해로부터 오는 마음의 풍요함을 의미한다.

이상의 사실을 도식으로 표시하면 다음과 같은 심화 과정을 의미한다.

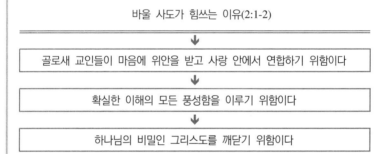

바울 사도가 힘쓰는 이유(2:1-2)

골로새 교인들이 마음에 위안을 받고 사랑 안에서 연합하기 위함이다

확실한 이해의 모든 풍성함을 이루기 위함이다

하나님의 비밀인 그리스도를 깨닫기 위함이다

나. 골로새 교인들이 그리스도 안에 머물러 있어야 할 이유(2:3-5)

질문 골로새에 있던 이단들은 자기들을 통해서만 하나님의 구원을 받을 수 있다고 주장했다. 이들이 틀렸다는 것을 어떻게 증명할 수 있는가 (2:3-4)?

---

1 Vaughan, *Colossians*, 194.

> **감추어져 있느니라(are hidden, 3 절)**: 첫째, 지혜와 지식의 보화가 그리스도 안에 있고, 다른 이단들이 주장하는 곳에 있지 않다는 것을 말했다. 둘째, 그리스도 안에 모든 지혜와 지식의 보화가 감추어져 있는데, 오직 그리스도를 믿은 사람만이 이를 찾을 수 있다고 말한다.
>
> **교묘한 말로 너희를 속이지 못하게 하려 함이니(lest anyone should deceive you with persuasive words, 4 절)**: 그럴듯한 말과 그릇된 논리를 통해 잘못 유도하는 것을 의미한다.

질문 이단들의 유혹을 받고 골로새 교인들은 어떤 태도를 보였는가(2:5)?

....

....

....

....

힌트

> **질서(orderly, 5 절)**: 질서 정연하다는 뜻으로, 군대의 대열이 적군의 공격을 받고서도 흐트러지지 않고 질서를 유지하는 것을 의미한다. 여기서는 골로새 교인들이 이단의 공격을 받고서도 신앙의 질서를 유지한 것을 말한다.
>
> **굳건한 것(steadfastness, 5 절)**: 군대용어로써 위에서 설명한 말과 같이 적의 공격을 받고서도 흔들리지 않고 견고한 것을 의미한다.

다. 골로새 교인들의 신앙 성장의 비결(2:6-7)

질문 골로새 교인들은 예수 그리스도를 어떤 분으로 받아들였는가(2:6)?

....

....

힌트

> **그리스도(Christ, 6 절)**: 원래는 하나님의 기름 부음을 받은 자, 곧
> 메시아(구세주)라는 의미로 쓰였다. 나중에는 예수님의 이름을 지칭
> 하게 되었다.
>
> **예수(Jesus, 6 절)**: 주님의 이름으로, 구약 역사상 나타난 인물 중 여
> 호수아(Joshua)와 같은 어원이며, 이는 구세주라는 의미를 가지고
> 있다.
>
> **주(the Lord, 6 절)**: 우주를 통치하시는 분을 의미한다. 바울 사도는
> 골로새 교인들이 처음 예수 그리스도를 믿을 때 받아들인 신앙에서
> 떠나지 말고 계속 그 안에서 살라고 권고한다. 이들은 구원받았을
> 때 그리스도를 구세주와 주님으로 모셨다. 지금 우리들도 그리스도
> 를 구세주와 주님으로 모시고 살아가라고 본문은 말씀하고 있다.
> 이 시대를 사는 우리들은 그리스도에 대한 성경의 말씀을 굳게 붙
> 잡고 그 안에서 신앙이 견고해지면서 윤택한 생활을 누려야 한다.

질문 본문에서 말씀하고 있는 신앙생활의 성장 과정에 대해 나누어 보라
(2:7).

....

....

뿌리를 박으며(rooted, 7절): 동사가 완료형으로 쓰인 것으로 미루어 보아 '단번에'라는 뜻이 내포됨을 알 수 있다. 골로새 교인들의 신앙이 이미 그리스도 안에 뿌리가 내려졌고 확고부동한 상태임을 말해 준다.

세움을 받아(built up in Him, 7절): 헬라어에서 현재형은 주로 계속적인 의미가 있다. 그러므로 뿌리를 박는 것은 농업적인 용어로써 믿음의 시작, 곧 구원을 받았음을 의미하고, 그와 같은 상태가 계속 유지되는 것을 의미한다. 세움을 받는다는 것은 건축에서 사용되는 용어로 마치 건축물이 계속 지어져 가는 것같이 우리 믿음의 성장도 계속된다는 의미를 담고 있다.

교훈을 받은 대로(as you have been taught, 7절): 이단들이 말하는 새로운 지식에 현혹되지 말고 이미 배운 대로 믿으라는 뜻이다.

믿음에 굳게 서서(abounding in it 또는 strengthened in the faith, 7절): 현재형으로 쓰인 것으로 보아 계속해서 믿음에 서 있는 것을 의미한다. 믿음에 굳게 서 있는 것은 계속 성경 말씀을 영의 양식으로 먹는 것으로 가능하다.

감사함을 넘치게 하라(abounding in it with thanksgiving 또는 over-flowing with thankfulness, 7절): 역시 현재형으로 쓰였다. 그러므로 감사도 계속 넘치게 하라는 의미가 있다. 또 넘친다는 말은 홍수가 나서 강물이 넘친다는 뜻이 있다.

이상과 같은 내용을 알기 쉽게 정리하면, 문장 분석과 나무 그림으로 나타낼 수 있다. 이를 통해 우리는 매우 중요한 제자도의 원리를 배울 수 있다.

① 2:6-7 문장 분석

---

2 Vaughan, *Colossians*, 196.

그러므로 너희가
그리스도 예수를 주로 받았으니(받은 것처럼)
그(그리스도) 안에서 행하되

- 그 안에 뿌리를 박으며

- 세움을 받아

- 교훈을 받은 대로

- 믿음에 굳게 서서

- 감사함을 넘치게 하라

② 2:6-7 나무 그림

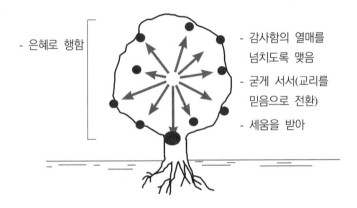

받은 은혜로 그리스도 안에 뿌리내림

이 과를 마치면서

우리는 그리스도께서 어떤 분이신가를 깨닫는 것이 신앙 성숙의 열쇠가 된다는 점을 이 과를 통해 확실하게 알았다. 예수님이 제자들을 훈련하실 때도 왜 그렇게 하셨는지를 좀 더 자세히 알게 되었다. 주님께서는 제자들에게 당신이 어떤 분이신지를 여러 가지 기적과 기사를 통해 알려 주셨다. 예수님은 성육신한 모습으로 이들과 함께 계셨기 때문에 그분의 인성에 대해서는 강조할 필요가 없었다. 제자들이 직접 눈으로 보았고, 또 주님의 말씀을 듣기도 했기 때문이다. 하지만 신성에 대해서는 좀 더 분명하게 보여줄 필요를 느끼셨을 것이다. 바울 사도는 이런 점을 갈파(喝破)한 것이다. 그래서 주님이 어떤 분이신지를 아주 절묘하게 설명했다(1:19, 27; 2:3).

우리도 본문 말씀을 통해 주님을 더 깊이 깨닫는 것이 중요하다. 신앙이 더 자라기 위해서도 주님이 어떤 분이신가를 깊이 이해하지 않으면 안 된다. 주님 안에는 신성이 모든 충만으로 계신다. 주님에 대한 이런 깨달음을 가질수록 우리도 그 안에서 충만해질 수 있다고 말씀하고 있다. 우리 모두가 이를 위해 주님께 더 가까이 가기를 간절히 바란다. 우리만 아니라 세상 모든 족속이 이 기회를 놓치지 않게 되기를 간절히 바라며, 이를 위해 최선을 다해 하나님 나라의 복음을 땅 끝까지 전해야 한다.

나의 기도

하나님 아버지, 우리의 영적 성장을 위해 주님의 신분에 관한 실로 엄청난 비밀을 알려 주시니 감사합니다. 우리를 자녀 삼아주시고, 하늘과 땅에 다 기록할 수 없는 주님의 은혜를 베풀어 주신 것에 또한 감사드립니다. 우리가 주님 안에서 존재의 뿌리를 당신께 내리고 있다는 사실이 너무나 신기합니다. 마치 식물이 땅에 뿌리를 내려 성장하듯이 우리도 그리스도께 뿌리를 내림으로써 자라나는 신비를 알려 주심에 감사드립니다. 지금 주님께서는 비록 우리와 같은 몸으로 이 세상에 계시지 않지만, 이 세상에 계실 때 제자들에게 제자도(弟子道)를 가르쳐서 자라게 하셨듯이 오늘날에도 그렇게 하실 것을 믿습니다. 약속의 말씀과 성령님의 역사로 말미암아 이 사실을 깨닫게 해 주신 것에 감사와 찬양을 드립니다. 하루속히 이 은혜를 세상 모든 족속에게 알려야겠습니다. 우리에게 복음에 대한 책임과 특권을 주신 것에 대해 감사드립니다. 아멘.

적용하기

1. 하나님 아버지와 예수님의 존재를 더 깊이 깨닫는 제자로 성장할 수 있도록 기도하라.

....

....

....

....

2. 예수님의 본성이 주님의 제자인 우리에게 어떤 의미를 주는지에 대해 깊이 묵상하라.

....

....

....

....

3. 주님의 제자로서 주님의 은혜 가운데 더 깊이 뿌리 내려야 하는 것들을 점검하라.

....

....

....

....

6

그릇된 철학과 참 진리이신 그리스도

골로새서 2:8-15

현대야말로 영적으로 혼탁한 시대이다. 하지만 이런 현상이 오늘날에만 있는 것이 아니라는 사실을 본문을 통해 발견하게 된다. 골로새 교회가 당면했던 이단들의 문제를 보면 이런 점들을 확인할 수 있다. 그 당시 이단들은 예수 그리스도가 무언가 부족하다는 점을 부각하려고 안간힘을 쓴 것을 볼 수 있다. 특히 예수 그리스도의 속성에 대해 공격했던 것을 볼 수 있는데, 그들은 예수님도 많은 천사 중에 하나라고 주장했다. 다만 그 천사 중에 제일 힘이 강한 천사라고 했다. 또한 그럴듯한 유사(類似) 철학이나 유대교의 가르침 일부를 혼합하여 이를 좇는 것이 참 구원을 준다고 주장했다. 이러한 사이비 종교는 현대에도 수없이 많고 특히 포스트모던 시대에 들어서서 더더욱 그렇다. 결과적으로 이들은 다 예수 그리스도 한 분만으로서는 부족하다는 것을 주장하고 있다.

그리스도께서는 어제나 오늘이나 변함없이 하나님 아버지의 모든 신성을 가지고 그 육체 가운데 충만히 거하시는 분이다. 이로써 우리도 주님 안에 거할 때 주님과 같이 충만함을 누릴 수 있다고 바울 사도는 말한다. 물론 우리의 영적 용량에 따라 좌우될 것이다(2:9-10). 그뿐 아니라 바울 사도는 주님 안에 신앙의 뿌리를 내리고 믿음을 견고히 세워갈 때 우리가 받는 하나님의 모든 신령한 복은 말로 다 할 수 없이 크다고 말한다.

첫째, 우리 죄가 완전히 삭제된다. 둘째, 우리를 정죄하는 증서(證書) 그 자체가 완전히 소멸한다. 셋째, 이 세상에 있는 모든 영적인 세력들(악령과 악한 천사들을 모두 포함)이 주님의 이름 앞에 무릎을 꿇게 되는 승리를 경험하게 된다. 우리 주님은 뺄 것도 없고 더할 것도 없이 완벽하게 모든 것을 다 갖추신 우리의 구속주이시며 온전한 신성을 가지신 분이다. 그러므로 우리는 주님을 영원히 우리의 주(主)와 구주(救主)로 모셔야 한다.

질문 여기서 말하고 있는 철학이 잘못된 이유는 무엇인가(2:8)?

....

....

....

....

힌트

> **철학(philosophy, 8 절)**: 이것은 철학이 모두 잘못되었다는 것이 아니라 그 당시 골로새 이단들이 주장했던 철학이 잘못되었음을 말하고 있다.
>
> **사람의 전통(tradition of men, 8 절)**: 골로새 이단의 기초가 되는 것으로 그 당시 유행했던 우주에 대한 잘못된 이론들을 가리킨다.

세상의 초등학문(the basic principle of this world, 8절): 우주가 일련의 천사들에 의해 만들어졌고 유지되고 있다고 믿었던 유치한 이론들을 말한다. 초등학문이란 유치원생이나 배우는 초보적인 것을 의미한다.

그리스도를 따름이 아니니라(not according to Christ, 8절): 골로새 이단들이 주장한 이론들은 그리스도를 통해 나타난 계시와 정반대되는 것이었으므로 잘못된 것이었다.

질문 이 본문이야말로 주님께서 우리에게 얼마나 큰 은혜를 주셨는지를 잘 말씀해 주는 부분이다. 이는 우리가 평생 묵상해도 다 이해하지 못할 부분이다. 그러나 현재 자신이 깨닫는 부분만이라도 아래의 도표를 사용하여 설명해 보라(2:9-10).

하나님에 대해 (그리스도에 대해)	그리스도인에 대해	내게 주는 의미

힌트

골로새의 이단들은 여러 계층의 천사들을 통해 구원을 받을 수 있고, 또한 이에 필요한 영적 지식을 얻을 수 있다고 주장했다. 그러나 바울 사도의 대답은 그리스도 안에서만 하나님을 알 수 있고, 그리스도를 알고 있으면 더 구할 것이 없다고 말했다.

신성(Godhead, 9절): 하나님의 특성과 속성만 말하는 것이 아니라 하나님의 본질 그 자체를 의미한다. 주석가 모울(Moule)은 이를

"하나님께서 소유하고 계신 모든 영광, 곧 하나님의 무한한 본성 모두를 의미한다"고 주장했다.[1]

그 안에는 신성의 모든 충만이 육체로 거하시고(for in Him dwells all the fullness of the Godhead bodily, 9 절): 그리스도께서 인간의 몸으로 오셨을 때나 현재처럼 하나님 우편에 앉아 계실 때에나 변함없이 신성은 그 안에 충만히 거하신다. "거하신다"는 표현 안에는 영원히 집으로 삼으신다는 뜻이 있다. 그러므로 우리가 그리스도를 모시게 되면 하나님을 온전히 마음에 모시는 것과 같다.[2]

너희도 그 안에서 충만하여졌으니 그(그리스도)는 모든 통치자와 권세의 머리시라(you are complete in Him, who is the head of all principality and power, 10 절): 그리스도 안에 하나님의 신성이 충만히 거하시므로 우리가 그리스도를 모셨을 때 우리도 하나님의 충만함에 참여할 수 있다. 다만 "너희도 그 안에서 충만하여졌으니"라는 말은 우리가 그리스도처럼 완전하다는 뜻이 아니라 우리에게는 충만한 원천(source)이 있고, 언제든지 채워질 수 있으며, 더 이상 골로새 이단으로부터 보충을 받지 않아도 된다는 뜻을 가진다. 또한 그리스도는 세상에 존재하는 모든 것들, 심지어 악한 세력(통치자와 권세)까지도 지배하신다는 의미이다.[3]

---

[1] Vaughan, *Colossians*, 199; H. C. G. Moule, *Colossian and Philemon Studies* (London: Pickering and Inglis Ltd., 1975), 144.

[2] Dunn, *The Epistles to the Colossians and to Philemon*, 151-52. Dunn 은 1:19 과 2:9 을 본질적으로 같은 의미로 본다. 다만 보다 더 (명확하게, 필자 추가) 개념적(more abstract terms)으로 표현했을 뿐이라고 주장했다. 주님은 성육신하신 지상에서나 승천하신 후 천국에서나 하나님의 신성이 충만히 그 육체로 거하심에는 변함이 없다.

[3] Vaughan, *Colossians*, 199; Bruce, *Commentary on the Epistle to the Ephesians and the Colossians*, 233; Martin, *Colossians and Philemon*, 81; Dunn, *The Epistles to the Colossians and to Philemon*, 152. "It presumably means simply that in Christ they have been granted a completeness and fulfillment which they could not find or achieve anywhere else: you have come to fullness of life in him." 이는 다른 어떤 방법으로도 채워질 수 없는 온전한 채워짐을 받았다는 뜻이다. 즉, 우리가 다른 어떤 곳에서도 채울 수 없는 충만함을 주님 안에서 채워짐을 통해 받았다는 뜻으로 볼 수 있다(필자 역).

질문 그리스도께서 우리를 위해 해 놓으신 일이 무엇인지 설명하고, 우리에게 주는 영적 의미를 서로 나누라(2:11-12).

....

....

....

....

힌트

할례(circumcision, 11 절): 창세기 17:9-14 에서 규정한 이스라엘 백성에 대한 의무로써 남성의 성기의 표피 끝을 베는 예식이다. 이는 그들이 하나님께 속해 있다는 것을 알리기 위한 것이다.

또 그 안에서 너희가 손으로 하지 아니한 할례를 받았으니 곧 육의 몸을 벗는 것이요 그리스도의 할례니라(in Him you were also circumcised with the circumcision made without hands, by putting off the body of the sins of the flesh by circumcision of Christ, 11 절): 이스라엘 민족이 한 할례가 외적이고 육체적이었다면 그리스도인들에게 있는 할례는 내적이며 영적이다. 여기서 "육의 몸"은 죄의 본성 전부를 의미한다.[4] 반면에 어떤 이는 이것을 구원받지 않은 사람들의 본성이라고 말한다.[5] 육적인 몸, 혹은 불신자의 본성을 벗어버리고 새로운 피조물이 되는 과정을 그리스도의 할례로 보았다. 그렇기에 이 의식은 완전히 하나님께서 하시는 것이지 인간의 손으로 행하는 것이 아니라고 했다.

할례와 세례(침례)와의 관계(12 절): 구약시대 사람들은 하나님과 언약을 맺은 것을 할례를 통해 외적으로 표시했다. 그러나 신약시대 사람들은 회개와 믿음을 통해 내적으로 하나님과 영적인 관계를 맺고, 그리스도와 연합하게 된다. 곧 믿음을 통해 그리스도와 함께 십자가에서 죽고 함께 부활에 참여한 것으로 여기게 된 것이다. 세례

(침례)는 이와 같은 내적 변화를 외적으로 나타내는 예식으로 성만찬과 더불어 기독교의 가장 중요한 예식 중 하나이다.

질문 본문에서 주님은 우리를 위해 무엇을 해 놓으셨는가? 이를 우리의 삶 가운데 어떻게 적용할 수 있는지 서로 나누라(2:13-14).

....

....

....

....

힌트

> 범죄와 육체의 무할례로 죽었던 너희(and you, being dead in your trespasses and the uncircumcision of your flesh, 13절): 도덕적으로 우리는 범죄로 인해 하나님과 관계가 단절되었고, 종교적으로도 이방인이었기 때문에 하나님의 약속 밖에 있었다.[6]

> 하나님이 그와 함께 살리시고 우리의 모든 죄를 사하시고(He has made alive together with Him having forgiven you all trespasses, 13절): "그(그리스도)와 함께 살리시고"와 "우리의 모든 죄를 사하시고"는 둘 다 하나님과 단절되었던 우리에게 다시 하나님과 관계를 맺게 해 주는 역할에 관해 설명하고 있다. 여기서 '살리셨다'는 것은 우리를 영적으로 살리신 것을 의미한다.

> 우리를 거스르고 불리하게 하는 법조문으로 쓴 증서를 지으시고 제하여 버리사 십자가에 못 박으시고(having wiped out the handwriting of requirements that was against us, which was contrary to us. And He has taken it out of the way, having nailed it to the

---

4   Vaughan, *Colossians*, 200.
5   Martin, *Colossians and Philemon*, 79-80.

cross, 14절): "법조문으로 쓴 증서"는 율법 자체를 말하는 것이 아니라 율법을 어긴 사람들(죄인들)에게 미치는 율법의 정죄하는 효력을 의미한다.[7] 어떤 이들은 이 증서를 우리의 죄와 실수가 기록된 증서로 마귀가 우리를 정죄할 때 사용하는 것이라고 말하기도 한다.[8] 또 다른 이들은 이것을 율법 자체로 본다.[9] 그러나 이것은 율법 자체보다는 율법이 범죄한 사람에게 미치는 정죄의 효력으로 보는 것이 더 타당하다. 그리스도께서 십자가에서 이 증서(정죄 목록) 자체를 도말시켜 버리셨다. 따라서 마귀는 이제 더 이상 그리스도 안에 있는 사람들을 정죄할 수 없다.

질문 본문을 묵상하고 이런 사실이 우리에게 어떤 의미를 주는지 나누어 보라(2:15).

힌트

> **통치자들과 권세들을 무력화하여(having disarmed principalities and powers, 15절)**: 이는 악령의 세계, 곧 하나님을 대적하는 모든 세력을 의미한다. 여기서 "무력화하여"는 마치 승리한 장군이 패배한 적군의 모든 무기를 빼앗듯이 그리스도께서 십자가에서 죽으심으로 악령들의 세력들을 이기셨음을 의미한다.[10]

------

6 Martin, *Colossians and Philemon*, 83; 엡 2:1, 11-12 참조.
7 Bruce, *Commentary on the Epistle to the Ephesians and the Colossians*, 238.
8 Martin, *Colossians and Philemon*, 84-85.
9 Vaughan, *Colossians*, 201-02.
10 Vaughan, *Colossians*, 202.

드러내어(He made a public spectacle of them, 15절): 그리스도께서 십자가에서 죽으셨을 때는 패배한 것처럼 보였다. 그러나 실상은 그리스도께서 십자가에서 악한 무리를 세상에 공개하고 그 권세를 빼앗음으로 말미암아 그들에게 공개적으로 창피를 준 것을 의미한다.

십자가로 그들을 이기셨느니라(triumphing over them in it, 15절): 십자가에 못 박혀 죽으신 그리스도께서 부활하시어 하나님 우편에 앉아계심을 통해 악한 영(마귀)이나 선한 영(천사) 모두가 주님의 주권 아래 있음을 밝히 나타내셨다. 십자가에 돌아가셨을 때 예수님은 패배하신 것이 결코 아니다. 오히려 주님께서 마치 개선장군처럼 승리하시어 악한 영들을 포로로 잡아가는 모습을 이 부분에서 기록하고 있다. 그들은 마지막 날에 영원한 형벌을 받게 될 것이다.

이 과를 마치면서

이 과야말로 우리가 어떤 구원을 받았는지 가장 상세하게 말씀하고 있는 부분이다. 이 구원은 이 세상의 어떤 종교에서도 꿈꾸지 못하는 것이다. 이는 하나님만이 주실 수 있는 구원이다. 방황하는 현대인에게 가장 깊은 만족을 줄 수 있는 메시지이기도 하다. 우리는 이 구원을 받은 자들이다. 이제 우리는 맘껏 축복을 누릴 수 있게 되었다. 우리처럼 구원받은 사람들은 주님이 주시는 축복을 누릴 뿐만 아니라 세상 모든 족속에게 구원의 은혜와 신비를 전해야 하고, 구원을 주시는 예수 그리스도에 대해 마땅히 전해야 한다.

나의 기도

주님, 오늘도 하나님 보좌 우편에 앉아 우리를 위해 기도해 주셔서 감사합니다. 우리가 구원에 대해 깨닫고 맘껏 하나님을 경배하고 예수 그리스도를 주로 삼고 살아가게 해 주신 것에 대해 감사와 찬양을 드립니다. 이 사실을 아직도 모르고 헛된 초등학문만을 찾아 수고하고 고생하는 세상 모든 족속에게 속히 이 소식이 전해지기를 간절히 바랍니다. 아멘.

적용하기

1. 나의 구원이 삼위 하나님과 어떤 관계가 있는가를 더 깊이 묵상하고, 제자훈련을 시킬 때 어떻게 적용할 것인지 준비하라.

....

....

....

....

2. 하나님께서 허락하신 구원의 혜택이 무엇인지 생각해 보라.

....

....

....

....

3. 모든 신성이 충만하신 주님을 사랑하며 날이 갈수록 그 의미를 더 깊이 깨달을 수 있도록 기도하라.

....

....

....

....

7

이단에 대한 경고

골로새서 2:16-23

이단들의 속성 중의 하나는 여러 가지 감언이설을 늘어놓으면서 많은 혜택을 주겠다고 접근하여 우리를 잘못된 교리로 얽어맨다는 점이다. 모든 이단의 공통점은 진리이신 그리스도께서 주신 참 자유(요 8:32, 36)를 몰래 빼앗는 것이다. 그리고 그들은 나름대로 세워놓은 율법에 우리를 묶어 버린다. 이것이 바로 바울 사도가 경고한 '다른 복음'의 무서운 면이다.

그리스도인들은 율법이나 금욕주의적 굴레에서 해방된 사람들이다. 그리스도께서 십자가에서 죽으셨을 때 우리도 그리스도와 함께 죽었고 또 그리스도와 함께 부활한 것으로 여겨주심으로 우리는 새롭게 거듭난 사람으로 살 수 있게 되었다. 골로새 이단들은 이 사실을 무시하고 외적인 절기나 날들을 지킴으로써 구원을 완성할 수 있다고 주장했다. 바울 사도가 경고한 것은 이와 같은 그릇된 교리에 속아 넘어가지 말라는 것이다.

질문 본문에서 설명하고 있는 이단의 특징은 무엇인가(2:16-17)?

....

....

....

힌트

먹고 마시는 것(food or drink, 16절): 율법에 나타난 음식에 관한 규칙 혹은 골로새 이단들이 주장하는 그들 나름대로 규칙들을 말한다. 둘 중에 어떤 것이든 골로새 이단들에 의해 악용되고 있었던 비성경적인 주장들을 의미한다.[1]

절기나 초하루나 안식일(a festival or a new moon or sabbaths, 16절): 유대인들이 지키고 있었던 명절이나 안식일을 골로새 이단들이 자신들의 철학의 일부분으로 주장했던 것을 말한다.[2] 골로새 이단들은 구원을 받기 위해 그리스도 이외에도 이런 것들이 더 필요하다고 주장했다. 이는 그리스도 한 분만으로 충분하다는 사실을 왜곡하는 행위로 소위 그리스도의 충족성(sufficiency)을 무시하는 것이다.

장래 일의 그림자이나 몸은 그리스도의 것이니라(these are a shadow of the things that were to come; the reality, however, is found in Christ[NIV], 17절): 이상에서 설명한 것들은 그리스도께서 오시기 전에 주어진 모형(그림자)에 불과하다. 실체이신 그리스도께서 오신 후 이런 것들은 더 이상 필요하지 않게 되었다. 우리는 오직 그리스도 안에서만 죄 사함을 받고, 성화되어 가며, 하나님과의 교제를 포함한 모든 하나님의 축복을 누리게 된다.[3]

---

1 Vaughan, *Colossians*, 203.

2 Fritz Rienecker, *A Linguistic Key to the Greek New Testament vol.2* (Grand Rapids: Zondervan, 1980), 229; Dunn, *The Epistles to the Colossians and to Philemon*, 171-77; Bruce, *Commentary on the Epistle to the Ephesians and the Colossians*, 243-45. Bruce 는 골

질문 본문에 나타난 골로새 이단의 특징을 설명하라. 이것이 현대인에게 주는 교훈은 무엇인가(2:18)?

....

....

....

....

힌트

> **꾸며낸 겸손(false humility, 18 절)**: 구약에서는 원래 하나님 앞에서 겸손한 것을 말하지만 여기서는 위선적인 겸손을 의미한다.
>
> **천사 승배(worship of angels, 18 절)**: 이단(골로새)들이 주장하는 바 여러 계층(hierarchy)의 천사들을 숭배하는 것이다. 골로새 이단들은 하나님이 너무 높으시므로 직접 경배드릴 수 없고, 낮은 계층에 있는 천사들로부터 시작하여 나중에는 높은 계층에까지 올라가 경배한다고 주장했다.[4] 이와 달리 우리는 그리스도의 십자가의 공로로 하나님께 직접 나아갈 수 있는 특권을 얻은 사람들이다(히 10:19-23).
>
> **정죄하지 못하게 하라(cheat you of your reward, 18 절)**: 원래는 심판하게 한다는 뜻이 있지만 여기서는 그리스도인으로서 생활을 못하게 한다는 뜻이 있다.[5] 그리스도인이 누리는 특권 그 자체가 우리에게 큰 상이기 때문에 그리스도인으로서 생활을 제대로 못하게 하는 것은 결국 우리의 상을 빼앗기는 격이다.

로새 이단들이 이미 그리스도 안에서 성취된 것들을 그들의 거짓된 철학에 적용함으로써 골로새 교인들을 유혹한 것이라 주장했다. 유대인들이 중요시하는 안식일 자체를 무시하거나 헐뜯은 것이 아니라 이미 주님께서 성취한 것들을 악용하는 것에 대해 경계한 것이다.

3 Martin, *Colossians and Philemon*, 91.

4 Vaughan, *Colossians*, 205.

5 Vaughan, *Colossians*, 205; Still, *Colossians*, 318-19. Still 은 골로새 이단들이 천사 승배 등 악한 세력들로부터 골로새 그리스도인들이 보호를 받을 수 있다고 말하면서 유혹했던 것들

> 그가 본 것에 의지하여(intruding into those things which he has not seen, 18 절): 골로새 이단들은 성경의 사실에 근거를 두지 않고 자기들이 보았다는 환상을 가지고 자기들의 주장을 내세웠다.

질문 현대에도 이런 이단들의 주장이 그리스도인의 성장이나 교회 생활에 미치는 영향은 무엇이라고 생각하는가(1:18; 2:19)?

....

....

....

힌트

> 그리스도는 교회의 머리가 되신다. 우리는 그리스도의 지체인 교회를 통하여 힘과 영적 양식을 공급받는다. 그러므로 골로새 이단처럼 그리스도와 교회의 관계가 끊어진 상태에서는 영적 성장이 불가능하고, 그리스도로부터 새로운 힘을 공급받을 수도 없다.

질문 골로새에 나타난 이단의 또 다른 특징을 설명하라(2:20-22).

....

....

....

....

힌트

> 세상에 사는 것과 같이 규례에 순종하느냐(as though living in the

에 대해 강력한 반대 의사를 나타낸 것이라고 주장한다.

world do you subject yourselves to regulations, 20 절): 2:14 에서 설명한 대로 우리를 대적하는 증서를 지워 없앴는데 왜 다시 세상 이단들의 외적 규칙들에 순종할 필요가 있느냐고 바울 사도는 충고한다. 우리는 그리스도를 믿었을 때 그리스도와 함께 십자가에 죽었고(완료형으로 단번에 죽었고 이미 끝난 것을 의미함), 이제는 완전히 새로운 질서에 따라 살게 되었다. 이단들이 주장하는 외적인 제한들과는 전혀 상관이 없게 되었다(요 8:32; 롬 8:31-39).

붙잡지도 말고 맛보지도 말고(do not taste! do not handle!, 21 절): 이 부분에 대해서는 2:16 의 힌트를 참조하라.

질문 인간이 만든 금욕주의는 왜 우리에게 도움이 되지 못하고 있는가 (2:23)?

....

....

....

....

힌트

> **자의적 숭배(self-imposed religion, 23 절)**: 자기 스스로 어떤 규칙이나 대상을 정해 숭배하는 것(self-made cult)으로, 로마서 12:1-2 에 나타나는 '영적 예배'와는 질적으로 다른 것이다.[6]
>
> 현대에도 모든 이단이나 인간적인 방법으로 하나님께 나아가는 길들은 외적으로 그럴듯하게 보이고 논리적으로 보이지만 실제로는 유익이 전혀 없고, 우리의 영혼을 병들게 하는 것으로서 우리에게 해로울 뿐이다(갈 2:16; 3:10-11).

---

6 Bruce, *Commentary on the Epistle to the Ephesians and the Colossians*, 255.

질문 그리스도인들은 과연 어떤 방법으로 이 세상에서 거룩하게 살 수 있는가? 이는 골로새 이단들의 주장과 어떻게 다른가(골 2:5-7; 갈 5:16, 18, 22-23)?

....

....

....

....

이 과를 마치면서

골로새 이단들이 주장한 것들을 보면 인간들은 참으로 어리석다는 생각이 든다. 하나님께서는 우리가 직접 그분께 나아갈 수 있도록 그리스도를 통해 좋은 길을 마련해 주셨다(요 14:6). 그럼에도 말씀을 믿지 않고, 자기 노력이나 자기 의(義)를 통해 나아가려고 하는 것은 어느 시대에 있어서나 똑같이 나타나는 모습들이다.

> 너희는 그 은혜에 의하여 믿음으로 말미암아 구원을 받았으니 이것은 너희에게서 난 것이 아니요 하나님의 선물이라 행위(모든 종교적 행위를 포함)에서 난 것이 아니니 이는 누구든지 자랑하지 못하게 함이라 (엡 2:8-9).

이 말씀이야말로 그리스도께서 주시는 구원과 하나님 나라의 입문에 대한 방법에 대해서 종지부를 찍는 선언이다. 주님의 최종적인 해답(finality of the Christ answer)이며, 완벽한 구원(sufficiency of Jesus)의 길에 대한 선언이다. 이 길을 모르고 오늘도 한없이 공허해 하며 방황하는 모든 사람에게 이 소식이 얼마나 소중하고 시급하게 필요한지를 우리는 이 과를 통해 다시 한번 깨닫게 되었다. 이 소식은 세상 모든 족속에게 하루속히 전해져야 한다. 이를 위해 일꾼을 달라고 기도해야 하고, 또 할 수 있는 대로 우리는 삶을 통해, 또 전도를 통해 하나님 나라의 복음을 전해야 한다.

나의 기도

하나님 아버지, 오늘도 우리에게 말할 수 없이 위대한 도전을 주셨습니다. 한편으로는 우리에게 완벽하고 최종적인 그리스도를 통해 하나님 나라에 들어갈 수 있는 길을 제시해 주셨습니다. 또 다른 한편으로는 이외의 길들이 사람들의 이성이나 눈으로 보기에는 그럴듯하더라도 실제로는 잘못된 길이며 파멸로 인도하는 것이라는 점을 명백하게 알려 주셨습니다. 그런데도 이 세상 사람들은 오늘도 진리에 대해 귀를 기울이기보다 어렵고 복잡하고 허망 된 이야기에 더 귀를 기울이기를 좋아합니다. 하루속히 이들을 깨우쳐 주시기 바랍니다. 아멘.

적용하기

1. 이단들과 대결할 수 있는 영적 무기를 준비하고 있는지 점검하라.

....

....

....

....

2. 이단들의 궁극적인 목표가 무엇인지 확실히 알고 다른 사람들에게도 알리는 노력을 하고 있는지 살펴보라.

....

....

....

....

3. 이단에게 대항할 수 있는 능력을 키울 수 있도록 도와달라고 하나님께 기도하라.

....

....

....

....

8

위의 것을 찾는 생활의 실제

골로새서 3:1-11

3:1-4은 지금까지 1-2장에서 설명한 내용을 몇 마디로 다시 요약한 것이다. 그리스도와 함께 우리가 십자가에서 죽은 사실을 믿고 우리 자신을 주님께 드릴 때 우리는 이 세상에서 새로운 차원의 삶을 살게 된다. 비록 우리는 아직 부활의 새로운 몸을 받지 못했지만 현재에도 새로운 신분과 새로운 가치관을 가지고 새로운 차원의 삶을 살수 있다. 이것이 바로 하나님 나라의 삶이다. 이렇게 계속 살아가다 보면 우리의 가치관과 세계관마저 하나님 나라의 것으로 바뀌게 될 것이다. 바울 사도는 우리에게 이런 삶을 계속 살아가라고 권고하고 있다.

이는 필연적으로 우리의 옛 사람을 벗어버리고 새 사람을 입는 것으로 귀결될 것이다. 이런 삶을 진짜로 맛본 사람이라면 이 세상의 그어떤 유혹이나 기쁨도 다 모조품에 지나지 않는다는 사실을 굳게 믿게 된다. 하나님께서는 우리가 이 세상에서도 하나님의 나라의 백성답게 정체성과 품위를 가지고 살아가기를 원하신다. 이렇게 살아가는 것

자체가 곧 세상 사람들에게 도전이 되고, 하나님이 살아계신다는 증거가 될 것이다. 이는 곧 선교적인 삶(missional life)이라고 말할 수 있다. 우리 모두 이 세상에서 선교적 삶을 살면서 모든 족속이 주님을 믿게 될 때까지 최선을 다해 증인의 사명을 감당해야 한다(행 1:8; 마 28:18-20).

가. 위의 것을 찾는 생활의 원리(3:1-4)

질문 우리가 이 세상 것에 사로잡히지 않고 위의 것에 우리 마음을 두고 살아야 하는 이유는 무엇인가(3:1-4)?

(1 절)

(3 절)

(4 절)

질문 현재 우리와 그리스도와의 관계는 어떠한가? 또 장래에는 어떻게 될 것인가(3:3-4)?

힌트

우리는 아직 이 세상에 머물며, 세상 속에서 살아가고 있다. 하지만 다른 한편으로 우리는 그리스도 안에서 그분과 함께 부활하여 그 안에 감추어진 생명을 소유한 채로, 그를 통하여 힘을 얻고, 보호함을 받고, 신분의 보장을 받는 축복을 누리고 있다.

질문 "위의 것을 찾으라"는 말씀은 무슨 뜻인가? 구체적인 예를 들어 보라 (3:1-2).

....

....

....

....

힌트

위의 것을 찾으라(seek those things which are above, 1 절): 여기서 동사는 현재 명령형으로 쓰였다. 이는 '계속' 찾으라는 의미를 담고 있다. 또한 우리의 뜻이 그리스도의 뜻과 일치되어야 함을 의미한다. 주님께서 십자가에 달려 죽으셨을 때 우리도 주님과 함께 죽고, 주님과 함께 부활에 참여하는 자로 여김(reckon)을 받은 사람이 되었다. 이것이 사실이라면 우리는 주님께 온전한 순종을 드려야 한다.

하나님 우편에 앉아계시느니라(seating at the right hand of God, 1 절): 이는 초대교회의 가장 중요한 설교 내용 중의 하나였다. 그리스도께서 죽으셨고, 부활하셨고, 하나님의 우편에 앉으셔서 세상을 다스리는 권세를 갖고 계심을 의미한다.

　브루스(F. F. Bruce)는 우리가 그리스도와 함께 살리심을 받았다는 사실을 다음과 같이 설명한다.

　그리스도인들은 각각 새 생명을 얻었다. 하지만 새 생명은 동시에 그리스도의 생명이기도 하다. 이로써 하나님의 우편에 앉아 계신 그리스도께서 새 생명을 직접 주관(보호)

하고 계신다. 더 나아가 그리스도께서는 새 생명을 그의 백성과 함께 나누신다. 그리스도께서는 마지막 날까지 기다리시지 않고 지금 이 순간에도 당장 우리가 부활한 생명의 의미를 알 수 있게 하신다. 그리스도와 함께 살리심을 받은 사람은 이미 부활에 대한 소망을 가지고 살고 있기 때문에 부활의 특권을 제한적으로나마 이미 누리고 있다. 새 창조, 곧 '중생'(regeneration)이 그리스도를 믿는 사람들 속에 이미 시작된 것이다. 영적인 측면에서 보았을 때 그리스도 안에 있는 사람들은 앞으로 다가올 세계(ages to come, 하나님의 영광의 나라)에 들어왔을 뿐만 아니라 그곳에서의 생활을 앞서 누리고 있는 것이다(필자 역).[1]

나. 버려야 할 죄들(3:5-11)

질문 우리가 완전히 사멸할 죄는 어떤 것들인가? 이런 죄들은 우리에게 어떤 영향을 준다고 본문에서는 말씀하는가(3:5-10)?

....

....

....

힌트

골로새 교인들은 그리스도와 함께 자신들도 십자가에서 죽은 것으로 여겨야 했다. 우리의 죄를 대속(代贖)하시기 위해 주님께서 죽으셨을 때 우리도 함께 죽은 것이다(2:20; 3:3). 그 결과 우리까지도 그리스도 안에서 새 사람이 되었다. 이로써 그리스도인은 죄와 완전히 끊어진 상태가 되었다. 이 사실은 상징적인(figurative) 것이 아니라 실제로 일어난 사실(fact)이다. 이 같은 사실에 근거하여 바울 사도는 우리에게 죄와 단절된 생활을 하라고 권고하고 있다.[2]

---

[1] Bruce, *Commentary on the Epistle to the Ephesians and the Colossians*, 258-59.

죽이라(put to death, 5절): 이 말은 아주 강력한 표현인데, 우리 죄를 실제로 죽이라 또는 완전히 사멸하라는 의미이다.[3] 그리스도인들은 이제 죄에 대해서 관계가 끊어졌기 때문에 죄에 있어서 더 이상 아무런 의무도 존재하지 않는다는 뜻이다. 따라서 우리의 삶 가운데서도 죄와의 관계를 끊겠다는 결단을 요구하는 것이 가능하다. 그렇게 할 때 아픔도 뒤따를 수 있겠지만 이것 역시 감수하라는 말이다.

음란(sexual immorality, 5절): 결혼 밖에서 갖는 성행위 일체를 말하며, 여기서는 이교도들이 그들의 신을 섬기는 일환으로 하는 성행위까지도 포함한다.[4]

부정(impurity, 5절): 때때로 육체적인 더러움을 가리키지만 여기서는 도덕적, 성적 더러움을 의미한다.

사욕(lust, 5절): 굽힐 줄 모르는 욕망이다.

악한 정욕(evil desires, 5절): 사욕보다 광범위한 욕망을 갖는 것으로 모든 악한 욕망을 뜻한다.

탐심(greed, 5절): 다른 사람의 소유권을 무시하고 자기 욕심만 생각하며 우상화하는 것을 의미한다.[5]

질문 본문에서는 우리가 어떤 죄들을 벗어버려야 한다고 말하는가? 이런 죄들은 우리에게 어떤 영향을 주는가(3:8)?

....

....

---

2 Bruce, *Commentary on the Epistle to the Ephesians and the Colossians*, 266.

3 Bruce, *Commentary on the Epistle to the Ephesians and the Colossians*, 267.

4 Rienecker, *A Linguistic Key to the Greek New Testament*, 232.

5 Vaughan, *Colossians*, 212.

힌트

> **벗어 버리라(put off all these, 8절)**: 이는 마치 옷을 벗어버리듯 죄를 벗어버리라는 뜻으로 브루스는 5절에서 "죽이라"는 말과 같은 의미로 쓰였다고 했다.[6]
>
> **분함(anger, 8절)**: 분이 마음속에 깊이 박힌 것을 의미한다.
>
> **노여움(wrath, 8절)**: 격노(激怒)와 같은 의미로 감정이 폭발해서 매우 분노하는 것이다.
>
> **악의(malice, 8절)**: 일반적인 악을 말한다.
>
> **비방(blasphemy, 8절)**: 다른 사람을 헐뜯고 모독함으로써 그의 명예를 훼손시키는 것이다.[7]
>
> **부끄러운 말(filthy language, 8절)**: 더러운 말, 곧 모독하는 말을 가리킨다.

질문 거짓말이 우리에게 미치는 영향은 무엇인가(3:9)?

....

....

....

질문 바울 사도는 우리가 죄를 벗어 버려야(죄에 대해서 죽어야) 하는 이유를 어떻게 설명하고 있는가(3:9-11)?

....

....

---

6 Bruce, *Commentary on the Epistle to the Ephesians and the Colossians*, 267.
7 Rienecker, *A Linguistic Key to the Greek New Testament*, 233.

힌트

옛 사람과 새 사람(old man(self) and new man(self), 9-10 절): 구원받기 전에 우리는 옛 사람, 곧 아담의 후손이었고 죄의 지배를 받던 사람들이었다. 그리스도인이 된 후로는 새 사람, 곧 그리스도 안에서 죄와 분리된 사람이 되었다. 그러므로 우리는 죄를 떠나 사는 것이 당연하다.

자기를 창조하신 이의 형상을 따라(according to the image of Him who created him, 10 절): 창세기 1:26 의 의미가 이 구절 속에 내포되어 있다. 즉, 하나님의 형상을 입은 사람들은 하나님과 교제하고 하나님의 뜻을 알아가기를 힘써야 하고, 하나님께 대한 순종과 하나님을 마음 다해 사랑해야 함이 마땅하다.

오직 그리스도는 만유시요 만유 안에 계시니라(Christ is all and is in all, 11 절): 이는 그리스도 안에서 모든 것이 연합되며 그리스도가 가장 중요함을 의미한다. 그러므로 우리가 그리스도께 충성을 드리는 것이 무엇보다도 중요하다.[8]

---

8 Vaughan, *Colossians*, 214.

이 과를 마치면서

우리가 현 세상에서 살면서 죄를 버리고 오직 하나님만을 좇아 살아가야 할 이유가 무엇인가? 바울 사도는 다음 세 가지로 답을 주었다.

첫째, 우리의 현주소 때문이다. 우리는 그리스도와 함께 다시 살리심을 받은 사람들이다(3:1). 그러므로 우리는 그리스도와 함께 다시 살리심을 받은 존재로서 이미 새로운 피조물이 되었다. 이는 다음과 같은 과정을 통해 이뤄진 것인데, 먼저는 우리가 십자가에서 그리스도와 함께 죽었음을 전제로 한다. 그로 인해 우리는 그리스도와 함께 살게 되었다. 이제 주님의 부활은 우리가 주님 안에서, 주님과 함께 누리는 특권이 되었다. 우리가 누리는 특권은 다음과 같다.

- 그리스도 안에서 우리의 영적 거처가 보장되었다. 이는 우리가 그리스도 안에서 하나님 앞에 앉힌 바 되었음을 의미한다. 이로써 우리는 하나님께 수시로 나아갈 수 있는 특권을 얻었다(골 2:12; 엡 2:6).
- 우리를 거스르고 불리하게 하는 법조문으로 쓴 증서를 세례(침례)로 지우시고 제하셨다. 이로써 우리 죄의 문제를 영구히 해결해 놓으셨다(2:12-15).
- 통치자들과 권세들을 무력화하셨다. 이는 우리가 악의 영의 지배를 다시는 받지 않아도 된다는 뜻이다. 그 결과 우리는 더 이상 정죄를 받지 않아도 된다. 손상된 자아까지도 치유받을 수 있는 길이 열렸다(2:15).

둘째, 우리는 하나님 안에 감추어진 존재들이기 때문이다(3:3). 이는 다음과 같은 의미가 있다. 무엇보다 먼저 우리가 하나님과 신비스러운 연합이 이뤄진 상태라는 뜻이다(3:3). 동시에 성령님이 우리 안에 계신다는 의미를 담고 있다(롬 8:9-11). 그 결과 우리에게는 다음과 같은 것들이 보장되었다.

- 주님께서 재림하실 그날 같은 영(성령 또는 하나님의 영)이 우리의 죽을 몸도 살리실 것이다.
- 현재 우리는 그리스도를 통해 하나님 안에 감추어진 상태이다(3:3).
- 우리는 하나님 우편에 앉아 계신 그리스도께로부터 지원을 받는 상태이다(3:1).

셋째, 우리가 그리스도와 함께 영광 중에 나타날 존재들이기 때문이다 (3:4). 현재 우리는 우리의 생명이신 그리스도와 함께 살게 되었다(이 상태도 좋음). 이를 수식으로 표시한다면 다음과 같다.

$$우리 + 그리스도 = 참다운 존재$$

더욱이 우리가 하나님 안에 감추어진 존재라는 사실도 한없는 축복이다. 우리의 미래는 더 영광스러울 것이며, 더 좋아질 것이기 때문이다. 그뿐 아니라 우리의 인격이 변화되어 그리스도의 인격을 닮아가게 될 것이기 때문이다.

나의 기도

하나님 아버지, 우리가 이 땅에 살면서도 천국의 삶을 부분적으로나마 경험할 수 있다는 것이 얼마나 큰 축복인지 모르겠습니다. 이것이 바로 바울 사도가 말씀하고 있는 하나님의 나라의 삶입니다. 예수님이 이 땅에 오셔서 처음 공생애를 시작하실 때 이렇게 약속해 주셨습니다. "회개하라 천국이 가까웠느니라"(마 4:17). 우리는 바울 사도를 통해 천국의 삶이 구체적으로 어떻게 이뤄지는가에 대해 보았습니다. 실로 놀라운 축복입니다. 이런 삶을 우리만 누리지 않고 속히 세상 모든 족속이 다 같이 누릴 수 있기를 원합니다. 이로써 이 땅에 하나님의 나라가 물이 바다를 덮음같이 몰려오게 해 주시기 원합니다. 감사와 찬양을 영원히 받으실 삼위일체 하나님께 경배드리며 송축합니다. 아멘.

9

그리스도인이 갖추어야 할 새 성품

골로새서 3:12-17

3:5-11에서는 정상적인 그리스도인이라면 누구든지 좇아야 할 두 가지에 대해 다루었다. 그 하나는 옛 사람과 그 행위를 벗는 것이었고, 또 하나는 새 사람을 입는 것이었다. 놀라운 사실은 바울 사도가 그리스도인이라면 누구든지 이미 새 사람을 입었다는 것을 기정사실처럼 말한 점이다(3:9-11). 이어서 바울 사도는 우리가 벗어버려야 할 것들에 대해 언급하고 있다(3:12-14). 하나님과 예수 그리스도와 우리의 새로운 관계로 인해 우리는 죄의 본성을 버려야 한다. 그리스도인이 새 사람을 입었지만 옛 사람을 벗어버리지 않는 상태로 있다는 것은 그 의미를 퇴색(退色)시키는 것이라고 말한다.

이처럼 본문에서는 새 사람을 입는 것에 대해 구체적으로 말하고 있다. 부정적인 면을 제거하는 것만으로는 불충분하다. 긍정적인 면이 우리의 인격에 추가되어야 한다. 본문 말씀에서는 우리가 하나님의 성품을 본받아 주님의 인격처럼 덕성(德性)을 갖추지 않으면 안 된다고 강조하고 있다.

가. 사랑의 표현(3:12-14)

질문 하나님과 그리스도인과의 관계를 어떻게 설명하고 있는가(3:12 상)?

....

....

....

....

힌트

> **택하사 거룩하고 사랑받는 자처럼(as the elect of God, holy and beloved, 12절):** 택하셨다는 뜻은 우리의 구원이 우리의 힘이나 결단만으로 되는 것이 아니라 하나님 편에서 우리에게 먼저 은혜를 베풀어주시지 않으면 안 된다는 뜻을 암시하고 있다. 바울 사도는 "택하사", "거룩하고", "사랑받는 자"라는 구약적 표현을 가지고 우리와 하나님과의 관계를 설명하고 있다. 이런 표현이 구약의 선택받은 이스라엘 백성에게만 쓰였지만 이제는 이방 교인들을 향해서도 사용되고 있다. 이는 하나님의 무한한 은혜 때문에 가능한 것이다.

질문 그리스도인이 나타내야 할 덕목(德目, virtue)은 어떤 것들이 있는가? 이 덕목들을 설명하고 실제 생활에서 어떻게 나타나는지 살펴보라. 또 어떤 것들이 본인에게 부족한지 확인하고, 구체적으로 어떻게 부족한 덕목들을 갖추어 나갈 것인지에 대해서도 서로 나누라(3:12).

덕	의미	실제 생활의 예	부족한 면/보완책

힌트

본문과 갈라디아서 5:22-23 을 비교해 보라. 여기에 나오는 덕목들과 갈라디아서에 나오는 성령의 열매 모두 우리 힘으로 얻어지는 것들이 아니다. 이는 하나님의 도우심(성령의 능력)으로 주어지는 것이다.

궁휼(tender mercies, 12 절): 문자 그대로 하면 마음속 깊은 곳으로부터 솟아 나오는 자비(heart compassion)를 뜻한다.

자비(kindness, 12 절): 이는 '선함'과 '친절함', '자비함'을 한데 묶은 것과 같은 뜻이다. 갈라디아서 5:22 에서 성령의 열매 중 하나로도 기록되었다.

겸손(humility, 12 절): 자신을 낮추어서 생각하는 것을 의미한다.

온유(meekness, 12 절): 거만의 반대되는 말로 겸손과 비슷한 뜻이다. 신약시대 불신자들은 겸손과 온유를 사람들에게 조롱당하는 품성(品性)으로 여겼다. 그러나 그리스도인들에게는 없어서는 안 될 덕목이다.

오래 참음(longsuffering, 12 절): 성령의 열매 중 하나로 상대방을 향해 보복하지 않고, 상대방이 하는 모욕적인 말과 공격을 참아가며 들을 수 있는 자세를 갖추어 가는 것이다.[1]

질문 그리스도인들은 서로에게 불만이 있을 때 어떻게 해야 하는가 (3:13-14)?

....

....

....

---

[1] Vaughan, *Colossians*, 215.

서로 용납(bearing with one another, 13절): 다른 사람의 단점과 불쾌한 점들을 서로 받아주고 이해하는 태도이다.

피차 용서하되(forgiving one another, 13절): 잘못을 범한 자를 늘 용서하라는 말씀이다. 하나님이 우리를 조건 없이 용서하신 것처럼 우리도 조건 없이 용서하라는 뜻이 있다.[2]

사랑을 더하라 이는 온전하게 매는 띠니라(put on love, which is the bond of perfection, 14절): 이는 하나님께서 그리스도를 통해 우리에게 주신 사랑으로 다른 사람을 사랑하라는 의미이다. 사랑은 그리스도인의 덕목 중에서 가장 으뜸가는 것이다. 또한 위에서 언급한 모든 덕목을 총체적으로 담아내는 그릇이다. 이 사랑이 그리스도인들을 한 지체로 묶어주고 있다.[3]

나. 마음의 평안(3:15)

질문 평강이 우리 마음을 주장하게 하라는 것은 무엇을 말하는가(3:15)?

....

....

....

....

힌트

평강(peace, 15절): 이는 우리가 내적으로 누리는 평안 혹은 그리스도 안에서 서로 조화를 이루는 것을 의미한다. "너희는 평강을 위

---

[2] Vaughan, *Colossians*, 215.
[3] Bruce, *Commentary on the Epistle to the Ephesians and the Colossians*, 281.

하여 한 몸으로 부르심을 받았나니"라는 구절로 보아 교회(교제) 안에서 서로 다툼을 피하고 평안을 누리라는 의미로 해석하는 것이 적절하다. 교회가 한 몸이 되고 평안을 유지하는 것은 하나님의 뜻이다. 그렇게 하려면 그리스도인들 간에 서로 용납하고 순종하는 일이 있어야 한다.

주장하게 하라(rule, 15 절): 마치 경기장에서 심판이 경기 도중 일어나는 모든 문제를 해결하고 질서를 확립하는 것과 같이 그리스도인은 먼저 각각의 심령 속에서, 또한 그리스도인들 서로의 관계 속에서 평강(平康)이 모든 것을 주관하게 해야 한다. 그렇게 될 때 어떤 다툼이나 분리도 일어나지 않게 된다. 그리스도인은 감사함 가운데 항상 거할 때 평안을 누리게 되고, 서로가 겸손한 마음으로 대할 때 모든 다툼으로부터 벗어날 수 있게 된다.

질문 평안을 깨뜨리는 요소에는 어떤 것이 있는지 자신들의 경험을 통해 서로 나누고 서로를 위해 기도하라.

....

....

....

다. 말씀의 능력(3:16-17)

질문 그리스도의 말씀이 우리 안에 풍성히 거할 때 어떤 일들이 나타나는가(3:16)?

....

....

....

> 그리스도의 말씀(the Word of Christ, 16절): 이는 복음, 즉 그리스
> 도에 관한 내용을 말한다.
>
> 시와 찬송과 신령한 노래(psalms and hymns and spiritual songs,
> 16절): "시"는 그리스도께 드리는 감격적인 예배의 한 부분으로 올
> 려 드리는 노래인데, 그 내용에 대해서는 전해지지 않고 있다(고전
> 14:26). "찬송"은 그리스도에 대한 보편적인 노래를 의미한다. "신
> 령한 노래"는 성령의 영감으로 된 노래를 뜻한다.[4] 그러나 이 세 가
> 지는 동의어(同義語)로 쓰였을 가능성이 크다.[5]
>
> 우리도 신앙생활 가운데 시(구약의 시편과 같은 종류)와 찬송과
> 신령한 노래로 서로 위로하고 가르치는 일을 계속해야 한다.

질문 왜 우리가 무슨 일을 하든지 예수의 이름으로 해야 한다고 권면하는
가(3:17)?

....

....

....

....

힌트

> 주 예수의 이름으로 하라(17절): 이 말에는 세 가지 의미가 담겨
> 있다. 그리스도를 의지하라, 그리스도의 권위를 가지고 하라, 그리
> 스도를 좇는 사람답게 행동하라는 의미이다. 본문은 이 중에서 세
> 번째 의미를 가장 강하게 나타내고 있다.[6]

---

[4] Martin, *Colossians and Philemon*, 115.

[5] Vaughan, *Colossians*, 216.

[6] Vaughan, *Colossians*, 216.

질문 왜 우리는 항상 감사하는 생활을 해야 하는가? 이런 생활은 우리를 어떻게 변화시킬 수 있는가(3:17)?

....

....

....

....

질문 우리는 그리스도를 본받아야 한다. 다음 세 분야에서 우리가 어떻게 그리스도를 본받아야 하는지 설명하라(3:13-17).

• 그리스도의 모범(13 절) ....

• 그리스도의 평강(15 절) ....

• 그리스도의 말씀(16 절) ....

이 과를 마치면서

우리는 자칫 잘못하면 교리를 아는 것과 신학적 지식을 갖춘 그 자체를 영성의 척도(尺度)로 오해할 수 있다. 그러나 우리의 영성은 그리스도를 닮아가는 인격 없이는 허상에 불과하다. 그리스도께서 하나님의 신성으로 충만하셨던 것 같이 우리도 그리스도의 인격으로 충만해지지 않고서는 결코 영성이 깊다고 말할 수 없다. 단순히 예배에 열심히 참석하고(이것이 물론 매우 중요하지만), 헌금을 많이 하고(이것도 아주 중요한 헌신의 표가 되기는 하지만), 기도를 열심히 하면(기도는 영성의 필수 불가결한 요소가 되는 것은 물론이지만) 영성이 있다고 생각하던 시절은 이미 지나갔다. 이제는 우리의 외적 신앙의 행위를 내면화하여 우리의 인격이 얼마만큼 그리스도의 인격을 닮아가고 있는지가 핵심과제로 떠오르고 있다.

이를 더 큰 틀에서 말한다면 우리가 과연 성경에서 말하는 세계관을 가졌는지가 영성의 질을 판가름한다는 의미이다. 또한 성경적인 세계관을 가지고 있다는 것은 과연 우리가 성경적인 가치관을 어느 정도로 실천하고 있느냐로 함축될 것이다. 우리의 가치관은 필연적으로 그리스도를 닮은 인격으로 표현될 때 그 진위(眞僞)가 밝혀진다. 본문이 제시하고 있는 내용처럼 우리는 그리스도를 본받아서 이 세상 각 곳에 흩어져 말뿐 아니라 그 인격까지도 그리스도를 닮아가야 한다. 이 일이 속히 이루어질 것을 간절히 기대한다.

나의 기도

하나님 아버지, 오늘도 우리에게 본문을 통해 엄청난 도전을 주신 것에 대해 감사드립니다. 이제 우리는 선한 부담으로 안고 그리스도의 인격으로까지 변화되기 위해 몸부림칠 수밖에 없습니다. 어떤 일이 있어도 우리 모두가 이렇게 "한 길 가는 순례자"(유진 피터슨)가 되기를 원합니다. 하나님 아버지, 우리와 늘 함께해 주셔서 이 길을 가는 도중에 쓰러지지 않게 해 주시기 바랍니다. 결국 우리가 그리스도의 인격을 갖춘 상태로 주님의 재림을 맞이하게 해 주시고, 그 인격을 갖출 때까지 우리 가운데 역사하시는 삼위일체 하나님과 날마다 동행할 수 있기를 원합니다. 아멘.

10

그리스도인의 가정과 사회생활

골로새서 3:18-4:1

본문은 교리적인 주제에 이어서 실제적인 주제들에 대해 다루고 있는 첫 번째 내용이다. 이 부분은 에베소서 5:22-6:9과 비슷하다. 바울 사도는 다른 곳에서와 마찬가지로 이 부분에서도 영적 원리가 실제적으로 어떻게 가정과 사회에 적용되는가를 구체적으로 말하고 있다. 그 당시 사회에서도 이와 비슷한 가정생활과 사회생활에 대한 규범들이 있었을 것이다. 그리스도인과 세상 사람들이 다른 점은 그리스도인들은 그리스도께서 주시는 능력으로 살아간다는 점이다. 하지만 세상 사람들은 인내와 자기 노력으로 이러한 규범들을 지켜 나간다. 이런 점은 현대 사회에서도 똑같이 일어나는 현상이다. 성경에서 말씀하고 있는 생활 기준은 사회에서 요구하는 기준보다 상상할 수 없을 정도로 높다. 하지만 우리는 세상의 기준을 뛰어넘는 높은 수준을 실행할 수 있는 능력까지도 함께 받은 사람들이다.

부부 생활을 예로 들면, 그리스도와 교회의 관계는 우리가 좇아야 할 부부 생활의 모델이 된다. 그리스도께서 교회를 사랑하셔서 교회를 위해 대신 십자가에서 죽으신 것같이 남편은 아내를 깊이 사랑해야 한다는 의미이다. 아내들이 좇아야 하는 본(本)도 역시 교회가 그리스도께 하듯이 남편을 존경하고 순종하는 것이다.[1]

가. 가정생활(골 3:18-21; 엡 5:22-6:4)

질문 아내는 남편에게 어떤 의무가 있는가(3:18)?

....

....

....

....

질문 이것을 한국 문화(혹은 유교사상)와 비교해 보았을 때 어떤 유사점과 차이점이 있는가?

....

....

....

....

힌트

본문이 쓰일 당시 스토아학파(Stoic)와 헬라인, 그리고 유대인들까지도 부부 관계에 있어서 여자가 남자에게 무조건 순종하는 것을

---

1 순종은 한 편(아내)에서만 이행해야 하는 것이 아니다. 엡 5:21 에서 "피차 복종하라"는 말씀은 부부 관계에도 유효하다. 다만 일반적인 관계에서 부부의 관계를 논할 때, 창조의 성격에 따라 남편 편에서 보다 더 적극적으로 책임을 수행해야 한다는 의미로 볼 수 있다. 에베소서 5:22-33 참조.

가르치고 있었다. 그러나 그리스도인들은 외적인 압력이나 인간 가치의 차이 때문에 순종하는 것이 아니다. 다시 말해 남자가 더 귀하고 여자는 남자의 종속적인 존재라는 생각 때문에 순종하는 것이 결코 아니다. 창조 질서에 있어서 아내는 남편에게 순종하지만, 근본적인 가치 면에서는 남편이나 아내나 똑같이 귀한 존재이다. 또한 그리스도인들은 그리스도께서 주시는 능력을 힘입어 마음에서부터 우러나오는 존경심을 가지고 순종해야 한다. 이는 곧 남편이 가정의 독재자가 아니라 오히려 존경받는 의장이나 리더(leader)로서 가정을 이끌어 나가야 한다는 의미이다. 이는 남편이 아내에게 갖는 의무를 통해서도 잘 나타나는 사실이다.

질문 남편은 아내에게 어떤 의무가 있다고 말씀하고 있는가(3:19)?

• (적극적 의무) ....
• (소극적 의무) ....

힌트

본문에서 남편은 아내를 사랑하라고 명하고 있는데, 이는 적극적인 면과 소극적인 면으로 나뉜다. 적극적으로는 그리스도께서 교회를 사랑하여 자신의 몸을 내어주신 것처럼 사랑하라고 명령한다(엡 5:25-33). 소극적으로는 아내를 괴롭게 하지 말고 난폭하게 대하지 말라는 권고이다.2

질문 남편이 아내를 사랑하는 것은 어떤 것인지 구체적인 예를 들어보라.

....

....

---

2 Bruce, *Commentary on the Epistle to the Ephesians and the Colossians*, 290.

질문 부부가 각각 자기 의무를 다하는 것이 왜 그렇게 중요한가? 그렇게 할 때 실제로 어떤 결과(적극적, 소극적)를 기대할 수 있는가?

....

....

....

....

질문 자녀들은 부모들에 대해 어떤 태도를 보이라고 하는가(골 3:20; 엡 6:1-3)? 부모와 자녀들의 관계가 자녀들의 신앙생활에는 어떤 영향을 줄 수 있다고 생각하는가?

....

....

....

....

질문 부모들은 자녀들에 대해 어떤 태도를 보여야 하는가(3:21)?

....

....

....

....

힌트

> 신약시대의 풍습에 의하면 여자와 자녀들은 한 가정의 종처럼 아버지에게 무조건 순종해야 했다. 특히 골로새 이단들은 여러 가지 불합리한 조항을 만들어서 자녀들의 자유를 지나치게 구속했을 가

능성이 있다.[3] 성경은 부모들의 책임도 분명히 말씀하고 있다. 부모들은 자신들의 모순된 행동이나 지나치게 억압하는 행동, 비인격적인 태도로 자녀들을 낙심하게 하지 말라고 경고한다.

질문 부모들이 자녀들을 노엽게(embitter, 원한을 품게) 하는 것들의 예를 들어 보라.

....

....

....

나. 사회생활(3:22-4:1)

질문 그리스도인은 윗사람들에게 어떤 태도로 대해야 하는가? 그 이유는 무엇인가(3:22-25)?

....

....

....

질문 고용주는 고용인들에게 어떤 대우를 해야 하는가? 그 이유는 무엇인가 (4:1)?

....

....

....

---

3 Vaughan, *Colossians*, 219; Luci Shaw, *Colossians: Focus on Christ (Wheaton: Harold Shaw, 1982)*, 49.

이 과를 마치면서

3:22-4:1은 그 당시 노예와 그 주인과의 관계를 설명하고 있다. 이는 성경이 노예제도를 인정하고 있다는 것을 말하지 않는다. 그 당시에는 고용주와 고용인의 관계가 아직 정립되지 않았고, 노예와 주인의 관계만 있었을 뿐이다. 이런 상황 속에서 성경은 노사(勞使) 관계에 관한 최소한의 원칙을 말씀하고 있다. 이 원칙은 두 가지를 전제로 한다. 첫째, 성경은 사람들의 마음을 변화시킴으로써 제도까지도 변화시켜 나가기를 원하고 있다. 둘째, 더 완벽한 제도가 생기기 전이라도 할 수 있는 만큼 공의를 베풀어야 함을 말씀하고 있다.

로마 시대에 노예는 무조건 상전에게 순종해야 했지만 주인은 노예에게 아무런 의무도 없었다. 그러나 바울 사도는 노예의 주인에게도 그 위에서 자신을 주관하고 계시는 주인이 되시는 하나님을 가르침으로써 노예들에게 공정한 대우를 해야 한다고 강조한다. 현대에도 이런 원리들은 고용주와 고용인과의 관계에 적용될 수 있다. 그리스도께서 오시는 그날, 구원받은 모든 사람은 그리스도 앞에 서서 자기가 행한 대로 그리스도의 심판을 받아야 한다(고후 5:10). 그때 완전한 공의가 드러날 것이다. 그때까지 우리는 최선을 다해 공의를 베풀어야 한다. 고용주는 고용주대로, 고용인은 고용인대로 그렇게 해야 한다. 그러므로 그리스도인들에게는 절망이 없고, 다만 소망만 있을 뿐이다.

그때까지 우리는 부부 생활, 부모 자녀 관계, 또한 노사관계에 있어서까지 하나님 나라의 원칙을 최선을 다해 준수해야 한다. 이렇게 생활하는 것 자체가 하나님의 나라를 이 세상에 임하게 하는 것이고, 삼위일체 하나님의 선교에 참여하는 것이다. 세상 모든 족속이 이러한 하나님 나라의 원칙에 따라 살 수 있는 날이 하루속히 오기를 위해 기도하고, 부지런히 하나님 나라에 대해 증거하자.

나의 기도

하나님 아버지, 오늘날 우리가 사는 세상을 세심히 살펴보면 노예제도가 있었을 때보다 더 좋아졌다고 말할 수 없는 곳이 아직도 많습니다. 하나님 나라의 원칙에 비추어 볼 때 부부 생활이나 부모 자녀 관계, 노사관계에 불의가 너무나 창만(漲滿)합니다. 사람을 위해 만드신 제도가 이렇게 타락하고 변질되었습니다. 이를 바로잡기 위해 노동운동을 한다는 사람들 사이에서도 불의를 범하는 것을 볼 수 있습니다. 하루속히 하나님의 나라가 도래하여 모든 불의가 바로 잡히는 날이 오기를 간절히 바랍니다. 부부가 그리스도와 교회의 관계 모델을 좇아 서로 사랑하고 존경하게 되기를 원합니다. 부모와 자녀가 하나님 아버지의 모범을 좇아 사랑으로 양육하고 존중받게 하시고, 노사관계를 통해 공의를 베풀며 유익을 주는 역사가 세상 모든 족속 가운데 일어나기 원합니다. 우리도 이를 위해 삼위일체 하나님과 동역을 할 수 있기를 간절히 바랍니다. 아멘.

11

가장 소중한 사람들

골로새서 4:2-18

바울 사도의 서신은 대부분 크게 두 부분으로 나뉜다. 앞부분에서는 주로 교리나 원리들에 대해 언급하고(롬 1-11 장; 엡 1-3 장), 뒷부분에서는 실제적인 권고를 한다(롬 12-16 장; 엡 4-6 장). 본문은 골로새서 후반부로, 실제적인 권고에 해당하는 한 부분이고, 아주 짤막하게 다루고 있다. 먼저는 기도에 대해서, 그리고 외인을 향해 지혜롭게 처신하는 것에 대해서, 이외에도 은혜로운 말 하는 것을 습관화하라고 권고한다. 우리가 이 부분만 잘 지켜 행해도 이 세상에 하나님의 나라를 전파함에 있어 많은 유익이 될 것이다. 바울 사도의 심중에는 뒷부분이 훨씬 더 큰 비중을 차지하고 있었던 것 같다.

바울 사도의 마음은 동역자 열 사람에 대해서 짤막짤막하게 언급한 코멘트에도 잘 나타나고 있다. 이들은 바울 사도에게 아주 귀중한 사람들이었을 것이다. 물론 이 사람들 가운데에는 데마와 같이 상황이 어려워졌을 때 세상으로 돌아간 사람도 있었다. 하지만 골로새서에 나타난 것만 두고 평가했을 때 결국 여기에 기록된 사람들은 가장 중요했다고 볼 수 있다. 바로 이 사람들이 바울 사도의 눈에 담겼던 하나님의 나라의 일을 위한 일꾼들이었다(4:11). 각 처에서 이런 사람들을 찾아 그리스도 안에 굳건하게 세우고, 이들을 온전케 하는 것이 바울 사도의 선교 전략이었다(1:28; 2:6-7). 이렇게 귀중한 사람들이 한 사람이라도 있는 곳이라면 그곳이 어디든지 간에(직장이든, 교회든, 멀리 선교지든) 바로 그곳에서 하나님 나라의 귀한 열매들이 맺혀질 것이다.

가. 개인의 신앙생활(4:2-6)

질문 바울 사도는 기도에 대해 어떤 충고를 하고 있는가(4:2)?

....

....

....

힌트

> **기도를 계속하고(continue earnestly in prayer, 2절):** 계속하여 기도에 열심을 내는 것을 의미한다.
>
> **감사함으로(thanks giving, 2절):** 감사하는 자세로 기도해야 한다.
>
> **깨어 있으라(being vigilant, 2절):** 깨어서 계속 경계하는 자세로 기도하는 것을 말한다. 기계적으로나 형식적으로 기도하지 말고, 열정을 가지고 활기 있게 기도하는 것을 쉬지 말라고 충고한다.[1]

질문 당신의 기도 생활을 평가해 보라. 어떻게 하면 본문에 있는 대로 기도 생활을 유지할 수 있는지 나누어 보라(4:3-4).

....

....

---

[1] Vaughan, *Colossians*, 221.

질문 바울 사도는 불신자들에 대해 어떤 태도를 보이라고 하였는가? 왜 그런 충고를 했는가(4:5-6)?

....

....

....

....

힌트

> **지혜로 행하여(walk in wisdom, 5절)**: 이는 불신자와 불신 세계에 대한 그리스도인의 태도를 말한 것이다. 그리스도인들은 쓸데없이 불신자의 반감을 사지 않도록 조심해야 한다는 것을 강조하고 있다.

> **세월을 아끼라(redeeming the time, 5절)**: 이를 문자 그대로 해석하면 '시간을 사라'고 번역할 수 있는데, 이 구절은 모든 일에 가장 적절한 시기(기회)가 있고, 그 기회를 놓치지 말고 포착하라는 의미까지 담고 있다. 가령 전도하는데도 가장 적절한 기회들이 있는데 그 기회를 놓치지 말고 최대한도로 활용하라는 뜻이다.

> **말을 항상 은혜 가운데서 소금으로 맛을 냄과 같이 하라(let your speech always be with grace, seasoned with salt, 6절)**: "은혜 가운데서 소금으로 맛을 낸다"는 말은 재치(wit)와 상식을 가지고 문제를 대하는 것을 의미할 수 있다. '은혜'는 주로 주님께서 우리에게 아무런 조건 없이 주시는 혜택이나 사랑을 의미하지만 여기에서는 '적절한', '경우에 합당한', '매력 있는' 등의 의미로 쓰였다.[2] 그러므로 이 구절은 재치와 배려하는 마음을 가지고 말하고, 사람들의 흥미와 관심을 끌어내도록 말하라는 의미이다.

---

2 Vaughan, *Colossians*, 222.

나. 마지막 인사(4:7-18)

질문 바울 사도가 본문에서 언급하고 있는 사람들에 대해 설명해보라. 모두 몇 명이며, 그들이 어떤 일을 했으며, 이를 통해 우리는 어떤 사실을 발견하고, 또 어떤 교훈을 얻을 수 있는가(4:7-18)?

이름	한 일	칭찬 내용 (혹은 다른 사실들)	교훈 (우리에게 주는 것)

힌트

여기에 기록된 사람 대부분(데마만 도중에 세상으로 감)은 바울 사도를 도왔고, 또 나중에 각 지역에서 지도자의 역할을 한 사람들이다. 다시 말해 바울 사도의 뒤를 이어 나갈 다음 세대의 지도자들이었고, 어떤 의미에서 중간 지도자들이었다. 또 다른 각도에서 본다면, 이들은 바울 사도의 사역을 맡아서 이어 갈 후계자들이었다. 어쩌면 이들이야말로 바울 사도와 함께 많은 시간을 보낸 그의 제자들이었을 것이다. 우리도 중간 지도층 지도자들을 양성하여 우리가 하는 일들을 계승하도록 해야 할 것이다.

질문 당신은 이들과 같은 중간 지도층을 양성해야 함을 절실히 느끼고 있는가? 이와 관련해서 어떤 계획을 가지고 있는가?

....

....

....

....

힌트

　　바울 사도는 지금 쓰고 있는 골로새서도 중간 지도자에 속했던 비서에게 받아쓰도록 했다. 4:18 에서 이 사실을 엿볼 수 있다. 그러나 마지막에는 자신이 스스로 몇 마디 인사말을 덧붙였음을 알 수 있다.

이 과를 마치면서

이렇게 평범하고 짧은 편지가 그동안 얼마나 큰 위력을 발휘했는지 우리의 머리로서는 도저히 가늠할 수 없다. 하나님께서 함께하시면 이처럼 놀라운 결과가 나타난다. 우리는 말씀을 의지하여 하나님께 늘 기도하고, 세상에서는 항상 지혜롭게 대처하고, 말을 할 때마다 마치 음식에 소금을 쳐서 제 맛을 내게 하듯이 은혜로운 말을 해야 한다. 이 부분은 이 세상에서 살아가는 방법에 대한 귀중한 충고인 셈이다.

바울 사도의 보물은 다이아몬드나 금, 은이 아니다. 심지어는 높은 자리에 오르는 것이나 명성을 얻는 것도 아니다. 그의 보물은 그리스도로 말미암아 변화된 사람들이다. 주님의 제자들이 바로 그의 보물이었다. 이 사실을 깨닫지 못했을 때는 여기에 기록된 이름들이 아무 의미가 없게 느껴졌지만, 이제는 이 부분들이 달리 보인다. 이들의 이름이 성경에 기록되어서 과거 2천 년 동안이나 수많은 사람에게 읽힌 것만 해도 그 귀중함이 충분히 입증되었다. 우리의 삶을 통해서도 이같이 귀중한 사람들이 일어나기를 기대한다.

그러나 이 같은 사람들은 저절로 생기지 않을 것이다. 우리가 먼저 하나님의 사람이 되어야 하고, 또 하나님과 지속적인 교제를 하면서 하나님의 사랑을 전해야 한다. 그리고 예수님께서 하셨듯이 그들을 제자로 삼아 주님의 제자가 되도록 지속해서 도와야 비로소 바울 사도의 동역자와 같은 사람들이 생기게 될 것이다. 우리의 소명이 어떤 것이든지, 직장인이든지, 교사이든지, 사업가이든지, 시장에서 장사하든지, 또는 선교사로서 선교지에서 현지인들을 향해 사역하든지 간에, 우리의 삶과 사역을 통해 귀한 하나님의 사람들을 세우는 꿈을 가지고 살아가기 바란다. 더 나아가 세상 모든 족속 가운데 이런 사람들이 열매로 맺히기 위해 기도하고, 노력하고,

직접 양육하고, 헌금도 해서 모든 족속 가운데 이 귀중한 열매들로 가득차는 꿈을 갖게 되기를 주님의 이름으로 간절히 축원한다.

나의 기도

하나님 아버지, 오늘도 우리에게 귀한 영적 양식들로 먹여 주신 것에 대해 감사와 찬양을 드립니다. 우리가 세상에서 어떻게 지혜롭게 살며, 어떻게 말해야 하는지 알려 주시고, 이를 위해 기도하게 하신 것에 대해 감사를 드립니다. 또 바울 사도가 보여준 모범을 통해 우리도 이 세상에서 주님의 제자들을 재생산해야 한다는 사실을 보게 해 주신 것에 대해서도 감사를 드립니다. 이 꿈은 오래전에 하나님께서 삼위일체 가운데서 나누시다가 이를 아브라함을 통해 구체화하기 시작하셨고, 선지자들과 제사장들과 하나님의 종들을 통해 나타내시었고, 결국 예수 그리스도를 이 땅에 보내시면서 우리에게 전달되었습니다. 바울 사도를 통해 이 사실을 분명하게 깨닫게 하시고, 그를 통해 오늘 우리들까지도 삼위일체 하나님과 같은 꿈을 공유할 수 있게 해 주신 것에 대해 감사와 찬양을 드립니다. 우리도 이 꿈이 세상 모든 족속 가운데 이뤄질 때까지 쉬지 않고 기도하고, 최선을 다해서 하나님 나라의 복음을 전하고 그들을 제자로 양육하겠습니다. 삼위일체 하나님의 꿈이 하루속히 세상 모든 족속 가운데서도 이뤄지게 해 주시기 바랍니다. 모든 영광과 찬송을 세세토록 받으실 분은 오직 한 분이시며 삼위일체로 계신 하나님이심을 믿고 고백합니다. 아멘.

공부를 마치며

다음 주제에 대해 묵상하고 자신의 삶에 적용하라.

- 그리스도와 하나님 아버지와 우리와의 관계에 대해 어떤 교훈들이 있는가(1:18-20; 2:9-10)?

- 기도에 대해 어떤 교훈을 주고 있는가(1:3-12)?

- 그리스도의 십자가의 의미에 대해 어떤 교훈을 주고 있는가(1:17-23)?

- 그리스도 안에서 그리스도인이 누리는 특권을 어떻게 설명하고 있는가(1:24-29)?

- 제자훈련 원리에 대해 무엇을 배울 수 있는가(2:6-15)?

- 그리스도인들의 생활(개인, 교회)에 대해 어떤 점들을 강조하고 있는가(3:1-11)?

- 대인관계에 있어서는 어떤 점을 말씀하고 있는가(3:12-17)?

- 외부 사람들(불신자)에 대한 우리의 태도에 대해서는 어떤 교훈을 얻을 수 있는가(4:1-6)?

- 바울 사도에게 있었던 중간 지도층 그리스도인들을 보면서 어떤 점을 깨달았는가(4:10-18)?

참고문헌

도날드 캠벨 외 3인. 『갈라디아서·에베소서·빌립보서·골로새서』. 정민영 역. 두란 노, 1987.

Dunn, James D. G. *The Epistles to the Colossians and to Philemon*. The New International Greek Testament Commentary. Grand Rapids: Eerdmans, 1996.

Martin, Ralph. *Colossians and Philemon*. The New Century Bible Commentary. Grand Rapids: Eerdmans, 1973.

Moule, H. C. G. *Colossian and Philemon Studies*. London: Pickering and Inglis Ltd., 1975.

Rienecker, Fritz. *A Linguistic Key to the Greek New Testament vol. 2*. Grand Rapids: Zondervan, 1980.

Simpson, E. K. and F. F. Bruce. *Commentary on the Epistles to the Ephesians and Colossians*. The New International Commentary on the New Testament. Grand Rapids: Eerdmans, 1980.

Shaw, Luci. *Colossians: Focus on Christ*. Wheaton: Harold Shaw, 1982.

Still, Todd D. *Colossians*. The Expositor's Bible Commentary. Grand Rapids: Zondervan, 2006.

Vaughan, Curtis. *Colossians*. The Expositor's Bible Commentary. Edited by Frank E. Gaebelein. Grand Rapids: Zondervan, 1978.